발 행 일	2024년 07월 01일 (1판 1쇄)
I S B N	979-11-92695-25-9 (13000)
정 가	14,000원
집 필	오은정
진 행	나은철
본문디자인	디자인앨리스
발 행 처	㈜아카데미소프트
발 행 인	유성천
주 소	경기도 파주시 정문로 588번길 24
홈 페 이 지	www.aso.co.kr / www.asotup.co.kr

※ 이 책은 저작권법에 따라 보호를 받는 저작물이므로 무단 전재와 무단 복제를 금지하며, 이 책 내용의 전부 또는 일부를 이용하려면 반드시 ㈜아카데미소프트의 서면동의를 받아야 합니다.

구성 이런 내용으로 구성되어 있어요!

완성작품 미리보기
각 CHAPTER마다 만들어낼 도형을 미리 확인하고 스토리를 추가하여 아이들의 흥미를 이끌어 냅니다.

본문 따라하기
파워포인트, 한쇼 기능을 활용하여 다양한 모양의 도형을 만들어 작품을 만들 수 있도록 구성되어 있습니다.

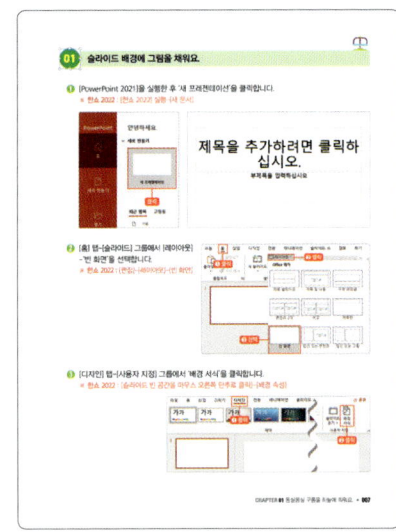

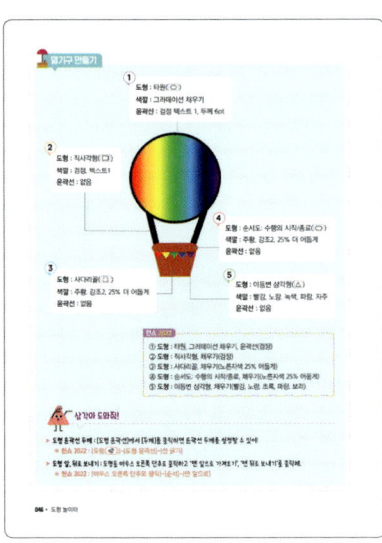

번호에 따른 본문 만들기
CHAPTER 01에서 CHAPTER 04까지 다양한 기능을 먼저 학습한 다음 CHAPTER 05부터 번호에 따른 다양한 형태의 도형을 만들어 봅니다.

파포 · 한쇼 도형놀이터

들어가기 전 잠깐!

CHAPTER 05부터 챕터가 시작하기 전 사용되는 기능을 간단하게 알아볼 수 있도록 구성되어 있습니다.

미션 수행하기

각 CHAPTER가 끝나면 앞에서 배운 내용을 한 번 더 복습할 수 있도록 문제를 제공하고 스스로 도형을 만들어서 창의력을 키워줍니다.

학습 자료 다운로드

설치 순서 : 크롬 브라우저 실행 후 아카데미소프트(https://aso.co.kr) 홈페이지 접속 → 왼쪽 상단에 [초등 방학특강 교재] 클릭 → [도형 놀이터] 교재 클릭 → 교재 이미지 아래에 [학습 자료] 클릭 → [도형 놀이터_학습 자료] 클릭 → 다운로드 단추 클릭

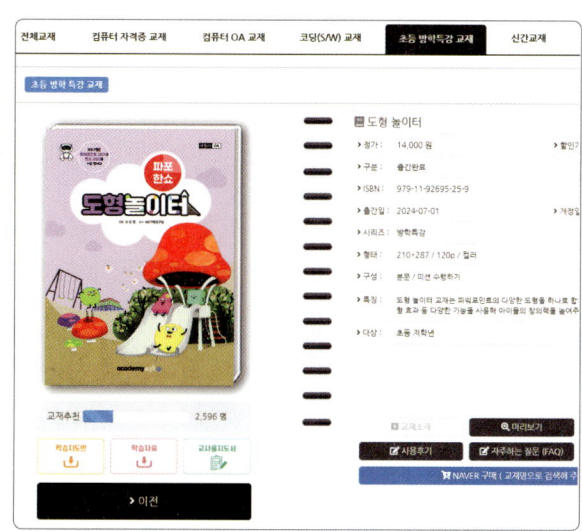

목차 CONTENTS

CHAPTER 01
몽실몽실
구름을 하늘에 띄워요. 
006

CHAPTER 02
푸릇푸릇
나무를 심어보아요. 
016

CHAPTER 03
알록달록
꽃들과 춤을 춰요. 
024

CHAPTER 04
붕붕윙윙
꿀벌과 하늘을 날아요. 
032

CHAPTER 05
일곱빛깔
무지개가 나타났어요. 
040

CHAPTER 06
둥실둥실 열기구와 함께
여행을 떠나요. 
044

CHAPTER 07
삼각이 집을
지어보아요. 
048

CHAPTER 08
지지배배
작은 새가 놀러왔어요. 
052

CHAPTER 09
햇볕은 쨍쨍,
모래알은 반짝! 
056

CHAPTER 10
튜브를 타고
신나게 놀아요. 
060

CHAPTER 11
맛있고 시원한
수박주스를 마셔봐요. 
064

CHAPTER 12
귀여운
돌고래와 만났어요. 
068

CHAPTER 01

몽실몽실 구름을 하늘에 띄워요.

이런걸 배워요!
- 슬라이드 배경을 그림으로 채울 수 있어요.
- 도형을 복사하고 그룹화하여 애니메이션을 지정할 수 있어요.

■ 불러올 파일 : 배경.jpg   ■ 완성된 파일 : 구름_완성.pptx

○─ 완성작품 미리보기

무슨 일이 있었을까?

파워포인트에 살고 있는 삼각이는 허전한 공간에서 지내는 게 매우 슬펐습니다.
삼각이의 슬픔을 달래주기 위해 산을 만들어 보아요!
그런데 산만 있으니 뭔가 허전한 느낌이에요.
우리 같이 구름도 만들어 볼까요?

 **슬라이드 배경에 그림을 채워요.**

❶ [PowerPoint 2021]을 실행한 후 '새 프레젠테이션'을 클릭합니다.
   ※ 한쇼 2022 : [한쇼 2022] 실행-[새 문서]

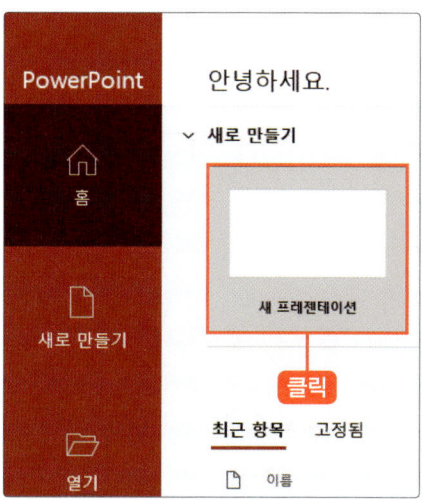
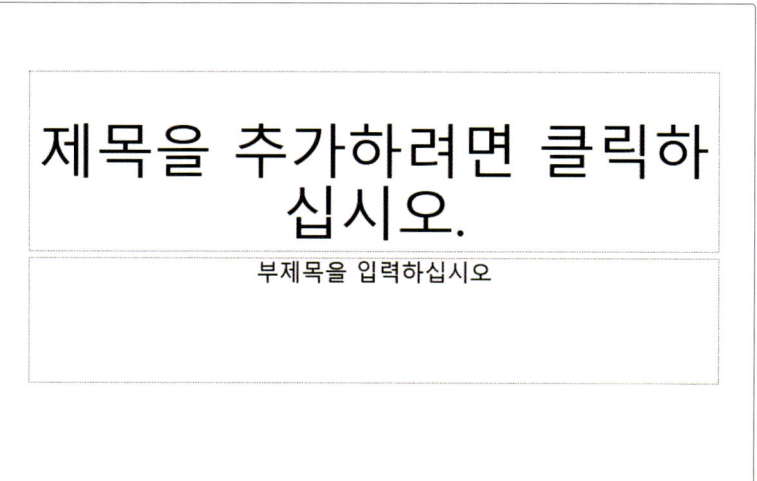

❷ [홈] 탭-[슬라이드] 그룹에서 [레이아웃]-'빈 화면'을 선택합니다.
   ※ 한쇼 2022 : [편집]-[레이아웃]-[빈 화면]

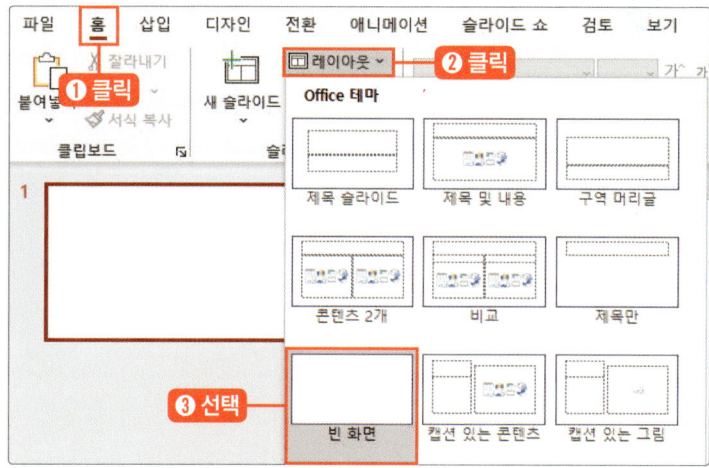

❸ [디자인] 탭-[사용자 지정] 그룹에서 '배경 서식'을 클릭합니다.
   ※ 한쇼 2022 : [슬라이드 빈 공간을 마우스 오른쪽 단추로 클릭]-[배경 속성]

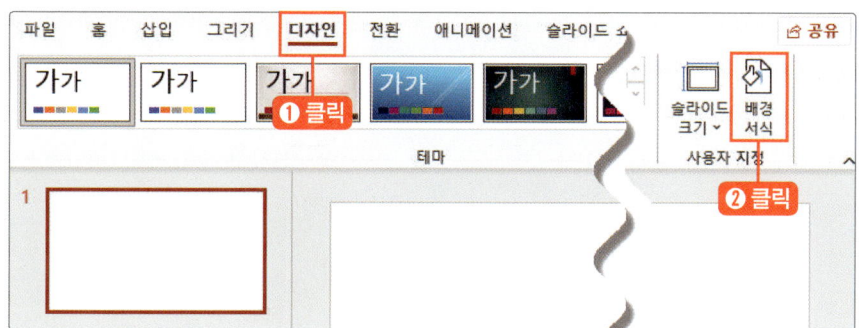

CHAPTER 01 몽실몽실 구름을 하늘에 띄워요. • **007**

❹ 오른쪽 작업 창이 활성화 되면 [채우기]-[그림 또는 질감 채우기]를 선택한 후 <삽입> 단추를 클릭합니다.

※ 한쇼 2022 : [배경 속성] 창에서 [채우기]-[질감/그림]-[바둑판식 배열] 체크 해제-[그림]

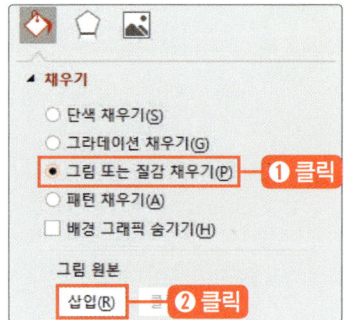

❺ [그림 삽입] 대화상자가 나오면 [파일에서]를 클릭하고 [불러올 파일]-[CHAPTER 01]-'배경.jpg'을 선택한 후 <삽입> 단추를 클릭합니다.

❻ 슬라이드 배경에 멋진 그림이 채워진 것을 확인합니다.

 **도형으로 하늘에 몽실 구름을 만들어요.**

❶ 슬라이드에 도형을 삽입하기 위해 [삽입] 탭-[일러스트레이션] 그룹에서 [도형( )]-'기본 도형'
-'타원( )'을 선택합니다.
  ※ 한쇼 2022 : [입력] 탭-[자세히( )]-'타원( )'

❷ 마우스 포인터가 ┼ 모양으로 변경되면 드래그하여 도형을 삽입합니다.
  ※ 도형을 잘못 그렸다면 Delete 키를 눌러 삭제하고 다시 그려보세요.
  ※ Shift 키를 누른 채 드래그하면 정원(동그란 원)을 그릴 수 있습니다.

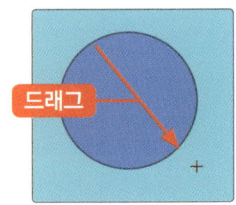

❸ Ctrl 키를 누른 채 원을 여러 번 드래그하여 구름 모양을 만듭니다.
  ※ Ctrl 키를 누른 채 도형을 드래그하면 도형을 복사할 수 있어요.

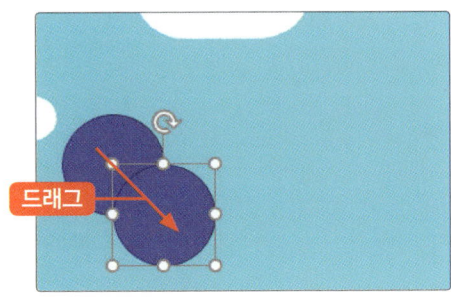 

❹ 마우스로 크게 도형 전체를 드래그합니다.

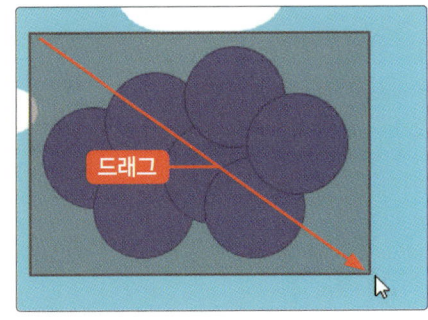

CHAPTER 01 몽실몽실 구름을 하늘에 띄워요. • **009**

❺ 도형 전체가 선택되면 [도형 서식] 탭-[정렬] 그룹에서 [그룹화]-'그룹'을 클릭합니다.
 ※ 한쇼 2022 : [도형()] 탭-[그룹]-'개체 묶기'

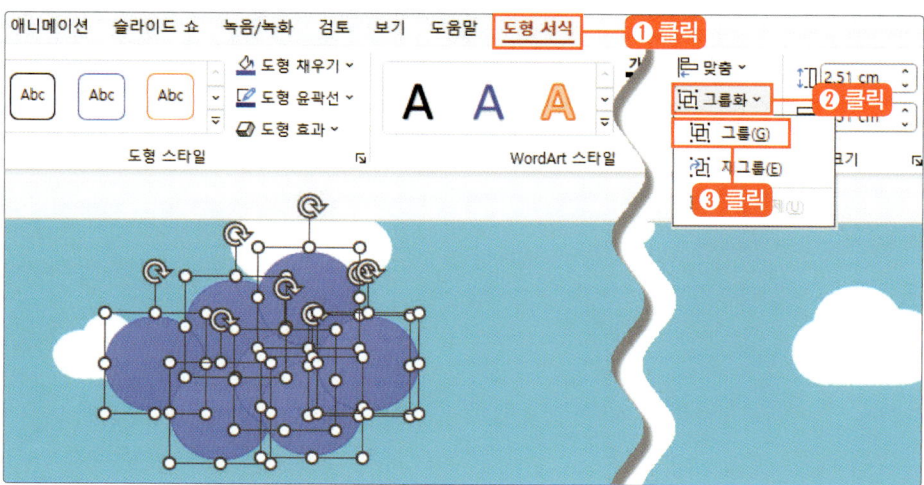

> **TIP**
>
> **도형 서식**
> 일부 파워포인트 2021에서는 [도형 서식]이 아닌 [셰이프 형식]으로 표시될 경우도 있습니다.
> 한쇼 2022에서 그룹화, 도형 채우기, 도형 윤곽선 설정 등 작업은 [도형( )] 탭에서 설정합니다.

❻ 그룹화된 개체의 모습을 확인할 수 있습니다.

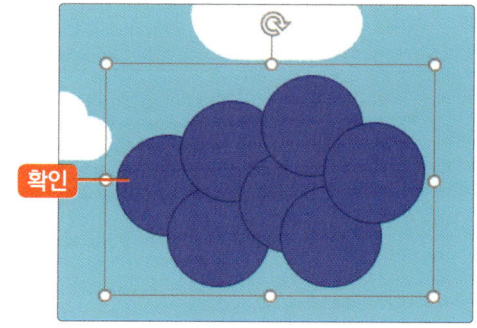

❼ 도형의 선을 없애기 위해 [도형 서식] 탭-[도형 스타일] 그룹에서 [도형 윤곽선]-'윤곽선 없음'을 선택합니다.
 ※ 한쇼 2022 : [도형( )] 탭-[도형 윤곽선]-[없음]

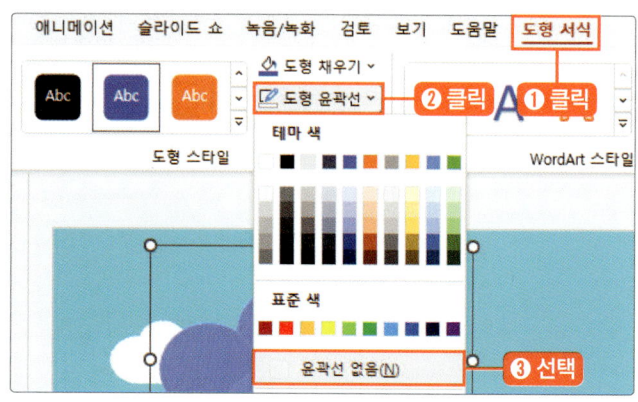

❽ 도형의 색을 바꾸기 위해 [도형 스타일] 그룹의 [도형 채우기]에서 [그라데이션]을 클릭하고 '선형 오른쪽'을 선택합니다.

※ 한쇼 2022 : [도형(📷)] 탭-[도형 채우기]-[그러데이션]-'선형-오른쪽에서'

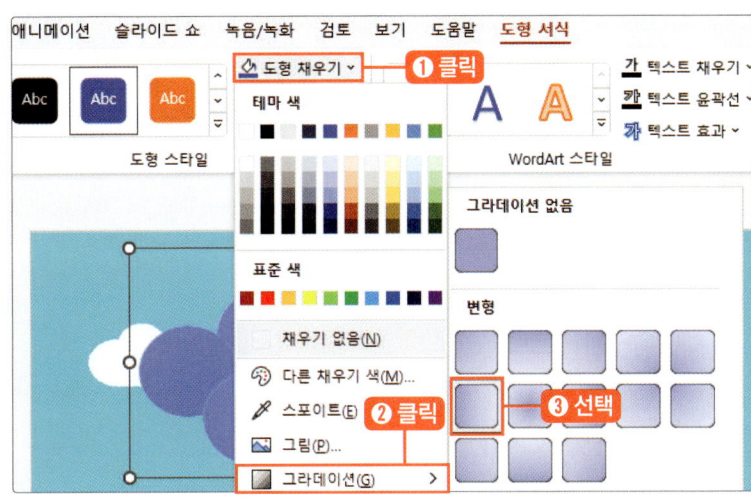

❾ 이어서, [도형 효과]-[3차원 회전]-'원근감: 위'를 선택하여 더 구름과 같은 효과를 만들어줍니다.

※ 한쇼에서는 그림자 효과를 적용합니다.

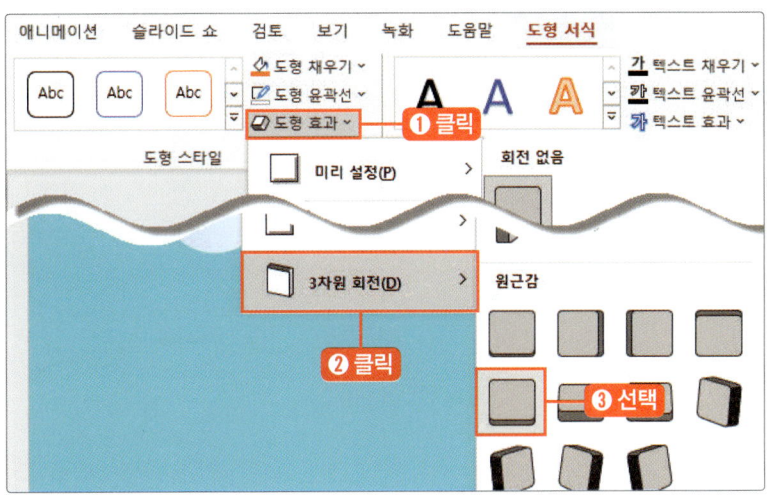

❿ 내가 만든 구름이 어디 있는지 찾아보세요. 정말 감쪽같죠?

03 애니메이션 효과를 이용하여 구름을 움직여요.

① 내가 만든 구름을 선택하고 [애니메이션] 탭-[애니메이션] 그룹에서 [자세히] 단추를 클릭합니다.

② 이어서, [이동 경로]-'사용자 지정 경로'를 선택합니다.
　※ 한쇼 2022 : [이동 경로]-'자유곡선'

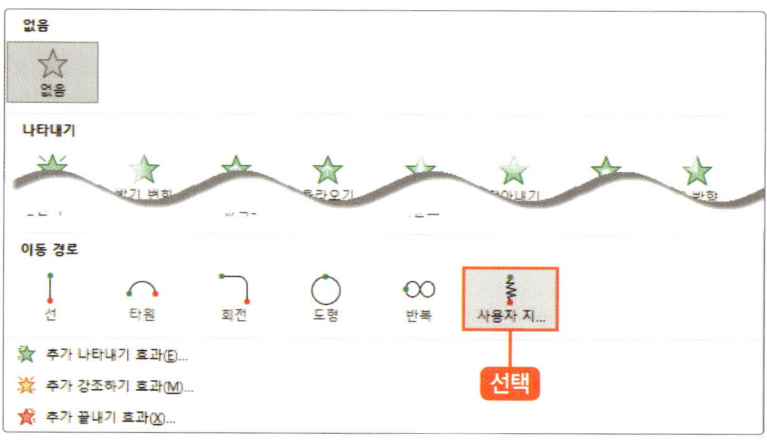

③ 마우스 포인터가 ➕ 모양으로 변경되면 드래그하여 구름이 가는 길을 그려줍니다. 이어서, 더블 클릭하여 이동 경로를 마무리 합니다.
　※ 한쇼 2022에서는 마우스 포인터가 ✏ 모양으로 변경됩니다.

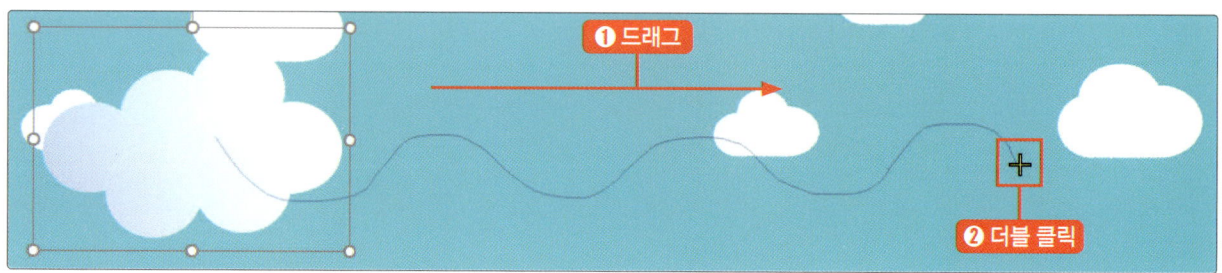

❹ 구름이 빨리 움직이죠? 구름이 더 천천히 움직일 수 있도록 [타이밍] 그룹에서 [재생 시간]을 5초로 늘려줍니다.

※ [미리보기]를 누르면 구름이 천천히 움직이는 것을 볼 수 있어요.

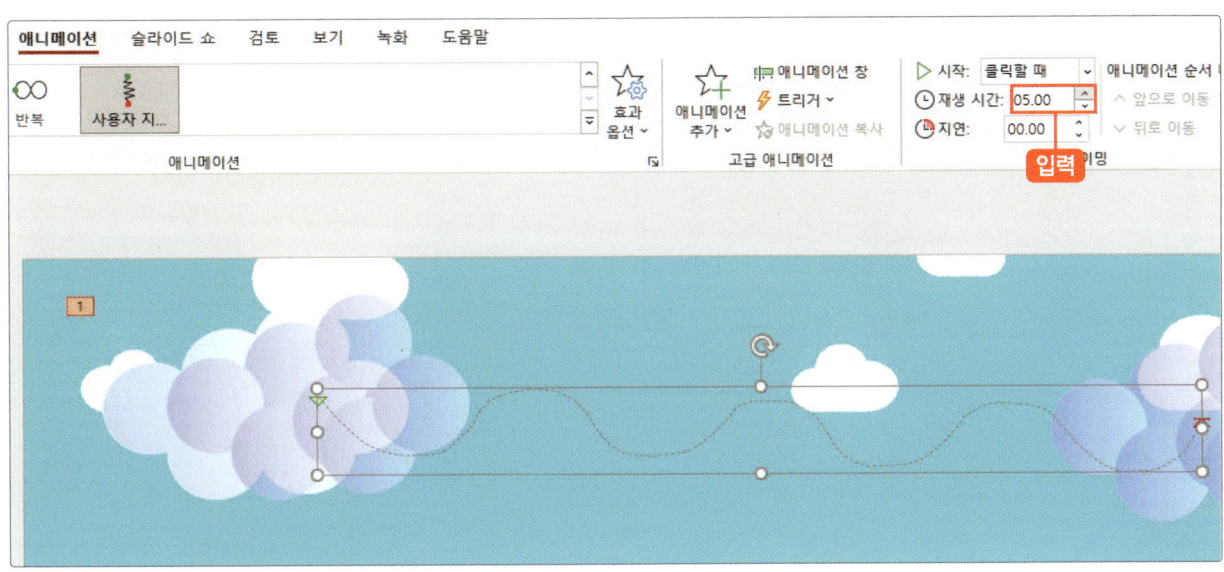

❺ 마지막으로, 구름이 움직일 때 효과음을 넣어볼까요? [고급 애니메이션] 그룹에서 [애니메이션 창]을 클릭합니다.

※ 한쇼 2022 : [애니메이션 작업 창]

❻ 이어서, 오른쪽 작업 창이 활성화되면 적용된 애니메이션을 더블 클릭하고 [효과]-[소리]-'바람'을 선택한 후 <확인> 단추를 클릭합니다.

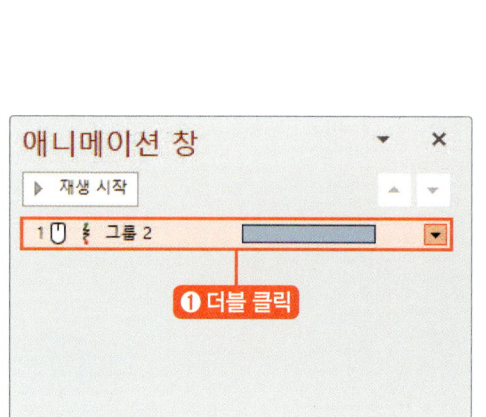
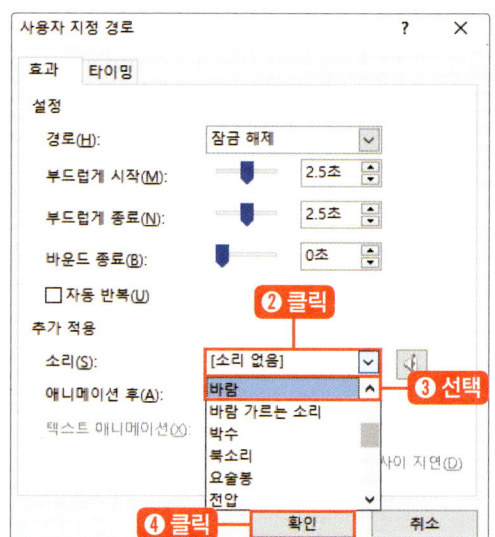

❼ 완성된 작품을 확인해볼까요? [슬라이드 쇼] 탭-[슬라이드 쇼 시작] 그룹에서 '처음부터'를 누른 후, 마우스를 클릭하면 구름이 움직이고, 바람 소리도 재생됩니다.

※ Esc 키를 누르면 [슬라이드 쇼]를 종료할 수 있어요.

❽ 왼쪽 메뉴의 저장하기(🖫) 단추를 누르고 찾아보기를 클릭한 후 [다른 이름으로 저장]창이 나오면 [문서]에 본인 이름의 폴더를 만들어서 저장합니다. 파일 이름은 '구름_완성'으로 입력합니다.

미션 수행하기

■ 불러올 파일 : 먹구름.pptx   ■ 완성된 파일 : 먹구름_완성.pptx

1 도형 복사하기와 그라데이션을 사용하여 먹구름을 만들어요.

- 사용된 도형 : 타원(◯), 눈물 방울(◯)
- 애니메이션 : 날아오기 – 왼쪽에서(5초)

한쇼 2022

애니메이션 : 날아오기-오른쪽으로(5초)

 삼각아 도와줘!

▶ **도형 회전하기** : 도형을 클릭하면 나타나는 회전 도구(⟳)를 드래그하여 도형을 회전할 수 있어!
▶ **그라데이션 설정** : 어두운 그라데이션이 안 보일 때는 도형의 색깔을 어두운색으로 바꿔준 후 다시 그라데이션을 설정하면 돼.

CHAPTER 01 몽실몽실 구름을 하늘에 띄워요. • **015**

CHAPTER 02
푸릇푸릇 나무를 심어보아요.

이런걸 배워요!
- 도형에 질감으로 색을 채울 수 있어요.
- 도형의 크기를 작게, 크게 조절할 수 있어요.

■ 불러올 파일 : 나무.pptx   ■ 완성된 파일 : 나무_완성.pptx

○─ 완성작품 미리보기

무슨 일이 있었을까?

휴~ 먹구름이 지나가서 다시 맑아졌어!
멋진 산과 예쁜 구름 덕분에 삼각이의 기분이 매우 좋아졌어요!
하지만 삼각이는 산에 나무가 별로 없다는 게 이상하다고 생각했어요.
그래서 삼각이가 나무를 심어보기로 마음을 먹었답니다!
삼각이를 도와서 멋진 산에 푸릇푸릇 한 나무를 심어주세요!

01 도형으로 나무를 만들어요.

① [PowerPoint 2021]을 실행한 후, [열기]-[찾아보기]를 클릭합니다. 이어서, [불러올 파일]-[CHAPTER 02]-'나무.pptx'를 선택하고 <열기> 단추를 클릭합니다.

② 나무 기둥을 만들기 위해 [삽입] 탭-[일러스트레이션] 그룹에서 [도형( )]-'기본 도형'-'사다리꼴( )'을 선택합니다.
  ※ 한쇼 2022 : [입력] 탭-[자세히( )]-'기본 도형'-'사다리꼴( )'

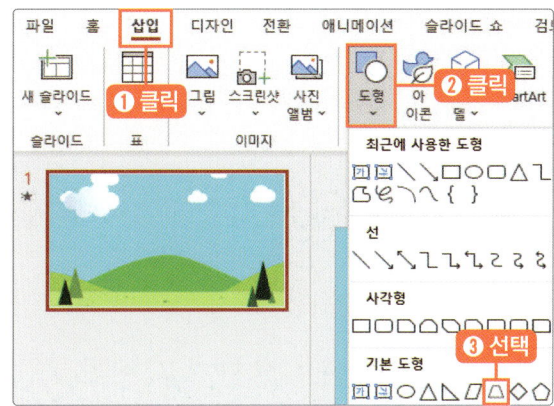

③ 마우스 포인터가 ✚ 모양으로 변경되면 드래그하여 도형을 삽입합니다.

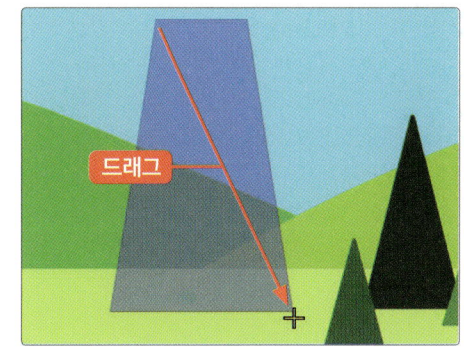

④ 도형을 선택한 후, [도형 서식] 탭-[도형 스타일] 그룹에서 [도형 채우기]-[질감]-'일반 목재'를 선택합니다.
  ※ 한쇼 2022 : [도형( )] 탭-[도형 채우기]-[테마 색상표]-'NEO' 선택-'노른자색 25% 어둡게'

❺ 이어서, [도형 스타일] 그룹에서 [도형 윤곽선] –'윤곽선 없음'을 선택합니다.
   ※ 한쇼 2022 : [도형 윤곽선]–'없음'

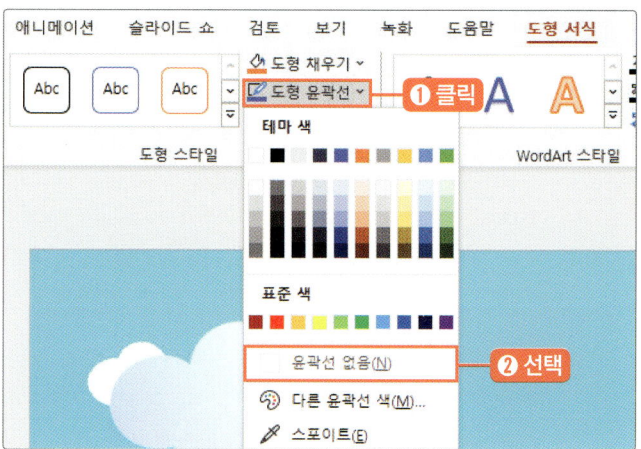

❻ 이제 가지를 만들어볼까요? **Ctrl** 키를 누른 채 마우스로 드래그하여 도형을 복사하고 조절점(○)을 사용해 크기를 작게 만들어줍니다.

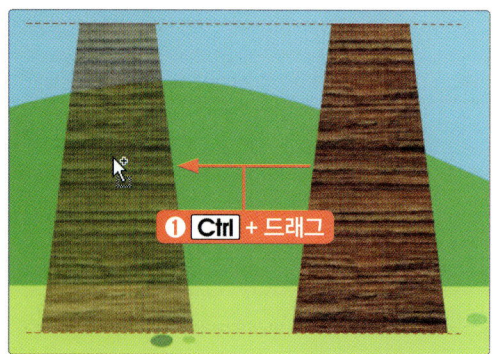 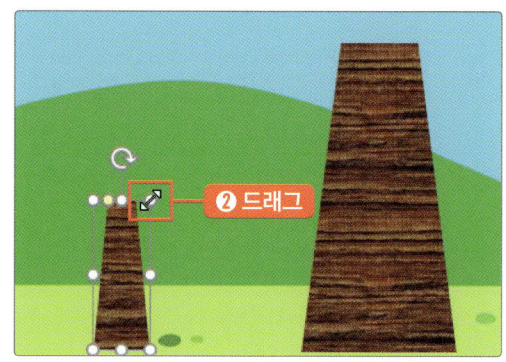

❼ 만든 가지의 회전 도구(↻)를 드래그하여 회전시키고 위치를 변경합니다. 이어서, **Ctrl** 키를 누른 채 드래그하여 가지를 하나 더 만들어줍니다.

 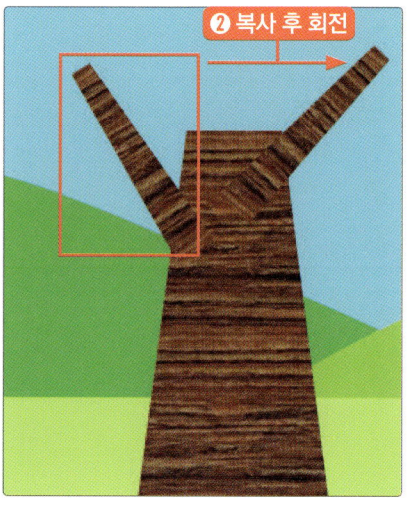

⑧ 나무에 잎사귀들을 만들기 위해 [삽입] 탭-[일러스트레이션] 그룹에서 [도형( )]-'기본 도형'-
'타원( )'을 선택합니다.
   ※ 한쇼 2022 : [입력] 탭-[자세히( )]-'기본 도형'-'타원( )'

⑨ 마우스 포인터가 ┼ 모양으로 변경되면 드래그하여 도형을 삽입하고 Ctrl 키를 누른 채 드래그
하여 구름 모양처럼 복사해 줍니다.
   ※ Shift 키를 누른 채 드래그하면 정원(동그란 원)을 그릴 수 있어요.

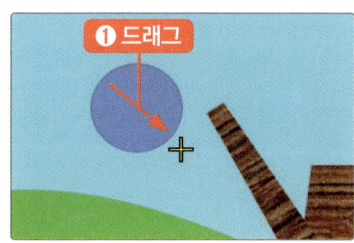 

⑩ 이제 도형을 합쳐볼까요? 마우스로 복사한 도형 전체를 드래그한 후, [도형 서식] 탭-[정렬] 그룹
에서 [그룹화]-'그룹'을 클릭합니다.
   ※ 드래그할 때 나무는 드래그하지 않도록 조심해요.
   ※ 한쇼 2022 : [도형( )] 탭-[그룹]-'개체 묶기'

CHAPTER 02 푸릇푸릇 나무를 심어보아요. • 019

⑪ 도형의 색깔을 바꿔볼까요? [도형 스타일] 그룹의 [도형 채우기]에서 '녹색, 강조 6'을 선택하고 [도형 윤곽선]-'윤곽선 없음'을 선택합니다.

※ 한쇼 2022 : [도형 채우기]-'초록' / [도형 윤곽선]-'없음'

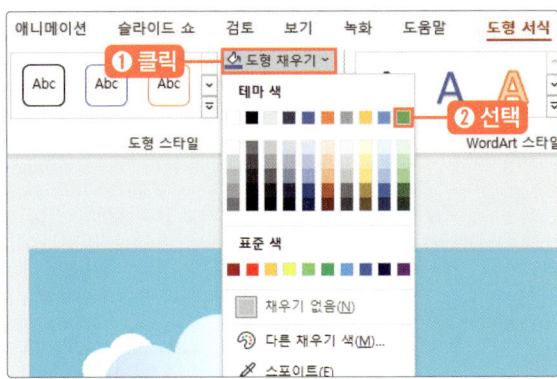 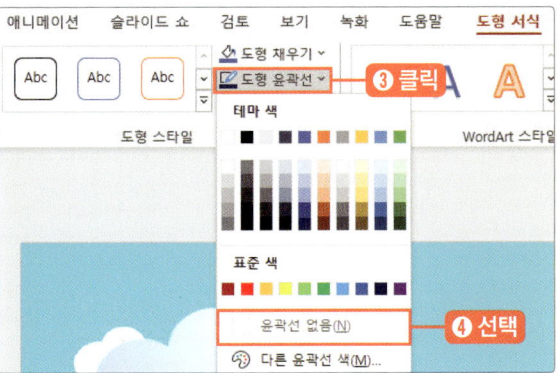

⑫ 이제 도형을 복사해서 나무를 풍성하게 만들어 볼까요? Ctrl 키를 누른 채 드래그하여 복사하고 크기도 조절해 보아요.

⑬ 복사한 잎사귀들의 색을 각각 바꾸어서 푸릇푸릇하게 만들어 줍니다.

※ [도형 서식] 탭-[정렬] 그룹에서 [앞으로 가져오기], [뒤로 보내기]를 이용하여 더 멋진 나무를 만들 수 있어요.

⑭ 마지막으로 잎사귀 전체를 드래그하고 [도형 서식] 탭-[도형 스타일] 그룹에서 [도형 효과]-[네온]
-'네온 : 8pt, 녹색, 강조색 6'을 선택합니다.

※ 한쇼 2022 : [도형()] 탭-[도형 효과]-[네온]-'강조 색 5, 5pt'

 애니메이션 효과로 잎사귀를 흔들리게 만들어요.

① 잎사귀 전체를 드래그해 볼까요? [애니메이션] 탭-[애니메이션] 그룹에서 [자세히] 단추를 클릭한 후 [강조]-'흔들기'를 선택하면 잎사귀들이 귀엽게 흔들립니다.

※ 한쇼 버전에 따라 '흔들기' 애니메이션이 없을 수 있기 때문에 [나타내기] 목록에서 자유롭게 애니메이션을 선택합니다.

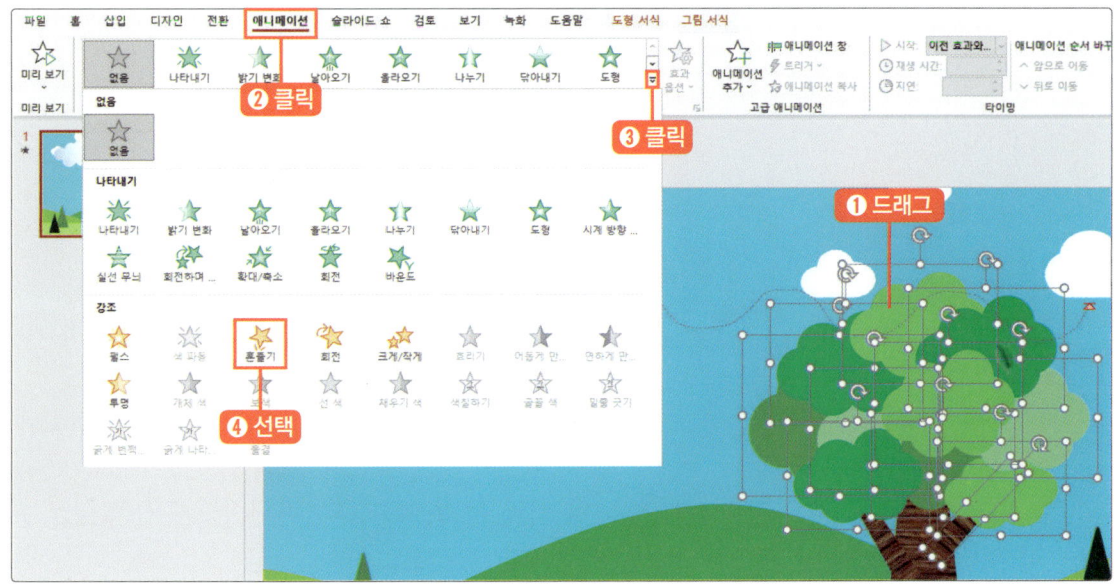

❷ 이제 구름과 나무가 같이 움직이게 해볼까요? [고급 애니메이션] 그룹에서 '애니메이션 창'을 클릭합니다.

※ 한쇼 2022 : [애니메이션 작업 창]

❸ 오른쪽 작업 창이 활성화되면 적용된 애니메이션을 마우스 오른쪽 단추로 클릭하고 바로가기 메뉴가 나오면 '이전 효과와 함께 시작'을 클릭합니다.

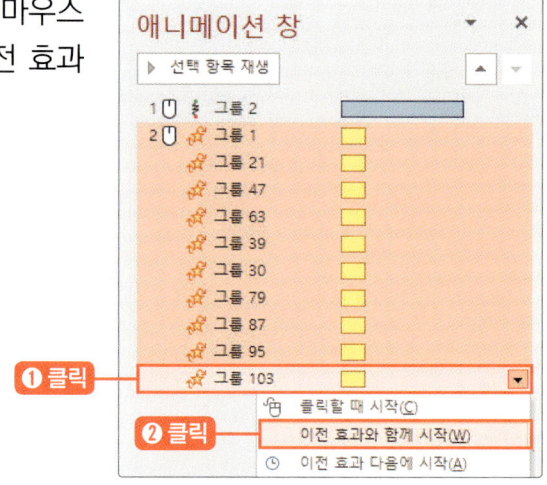

❹ 완성된 작품을 확인해 볼까요? [슬라이드 쇼] 탭-[슬라이드 쇼 시작] 그룹에서 '처음부터'를 누른 후 화면을 클릭하면 구름이 움직이고, 나무도 흔들리며 바람소리도 재생됩니다.

※ Esc 키를 누르면 [슬라이드 쇼]를 종료할 수 있어요.

❺ [파일]-[다른 이름으로 저장]-[찾아보기]를 클릭합니다. 이어서, [다른 이름으로 저장] 대화상자가 나오면 본인 이름의 폴더에 '나무_완성'으로 저장합니다.

미션 수행하기

■ 불러올 파일 : 열매.pptx   ■ 완성된 파일 : 열매_완성.pptx

1 두 개의 타원을 회전시키고 색깔을 변경하여 열매를 만들어요.

- 사용된 도형 : 타원(◯), 원호(◝)
- 애니메이션 : 흔들기 – 이전 효과와 함께

한쇼 2022
한쇼 버전에 따라 '흔들기' 애니메이션이 없을 수 있기 때문에 자유롭게 애니메이션을 지정해 봅니다.

 삼각아 도와줘!

▶ **도형 회전하기** : 회전하기는 나뭇가지를 만들 때 배웠지?
  타원을 왼쪽, 오른쪽으로 약간 회전해준 후 2개의 원을 겹치게 놓으면 열매 모양이 완성돼!
  열매 색깔을 변경하여 사과, 배, 감, 귤 등 여러 가지 열매 모양을 만들 수 있겠지? 열매를 다 만들고 그룹화를 꼭 해줘!

▶ **애니메이션 지정하기** : Ctrl 키를 누른 상태로 여러 개의 도형을 클릭하면 한 번에 애니메이션을 지정할 수 있지.

CHAPTER 03
알록달록 꽃들과 춤을 춰요.

이런걸 배워요!
- 도형을 회전할 수 있어요.
- 여러 가지 도형을 그룹화 하고, 그룹을 해제할 수 있어요.

📂 불러올 파일 : 꽃.pptx   📂 완성된 파일 : 꽃_완성.pptx

완성작품 미리보기

무슨 일이 있었을까?

나무에 있는 과일을 다 먹고 기뻐하는 삼각이 발아래에 작고 예쁜 꽃이 있었답니다.
삼각이는 그 꽃을 보고 매우 큰 꽃을 만들어보고 싶었어요.
삼각이를 도와서 예쁘고 거대한 꽃을 만들어주세요!

01 도형으로 꽃을 만들어요.

❶ [PowerPoint 2021]을 실행한 후, [열기]-[찾아보기]를 클릭합니다. 이어서, [불러올 파일]-[CHAPTER 03]-'꽃.pptx'를 선택하고 <열기> 단추를 클릭하여 파일을 불러옵니다.

❷ 꽃줄기를 만들기 위해 [삽입] 탭-[일러스트레이션] 그룹에서 [도형( )]-'사각형'-'직사각형( )'을 선택합니다.

  ※ 한쇼 2022 : [입력] 탭-[자세히( )]-'사각형'-'직사각형( )'

❸ 마우스 포인터가 ＋ 모양으로 변경되면 드래그하여 줄기를 그림과 같이 얇고 길게 그려줍니다.

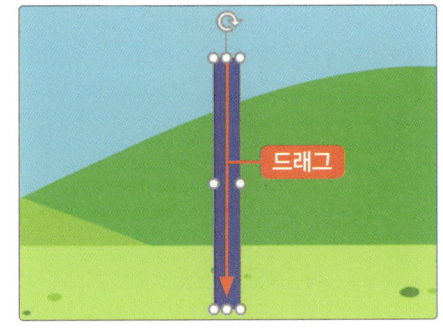

❹ 줄기의 색깔을 바꾸기 위해 [도형 서식] 탭-[도형 스타일] 그룹에서 [도형 채우기]를 클릭하고 '연한 녹색'을 선택한 후 [도형 윤곽선]-'윤곽선 없음'을 선택합니다.

  ※ 한쇼 2022 : [도형( )] 탭-[도형 채우기]-[테마 색상표]-'NEO' 선택-멜론색 40% 밝게 / [도형 윤곽선]-'없음'

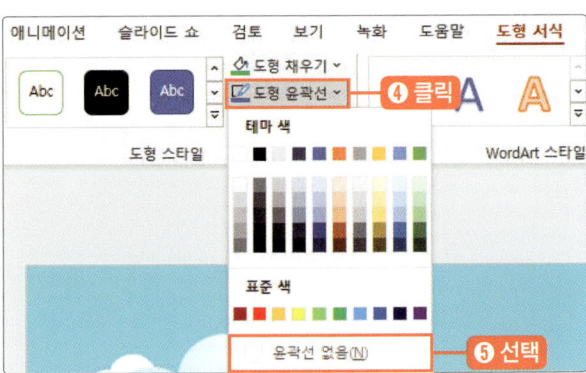

❺ 줄기를 더 많이 만들어주기 위해서 Ctrl 키를 누른 채 마우스로 드래그하여 복사한 후, 조절점을 사용해 크기를 작게 만들어줍니다.

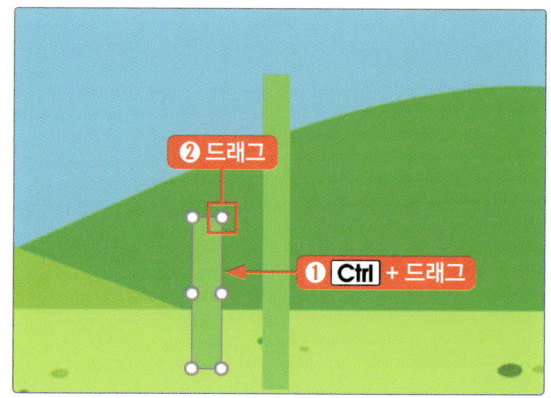

❻ 이어서, 회전 도구( )를 사용해 옆으로 돌려 줄기를 만들어줍니다. 하나만 있으니 허전하죠? Ctrl 키로 복사하여 2개의 줄기를 만들어줍니다.

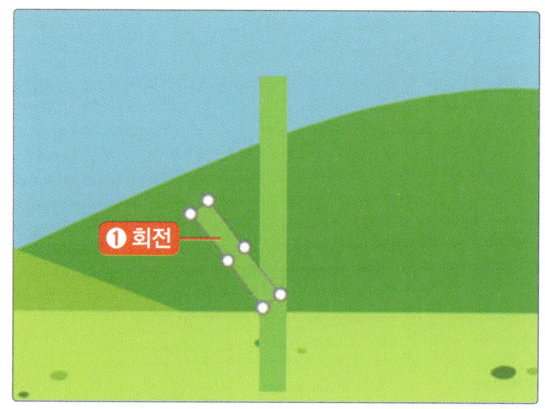 

TIP

회전 도구가 보이지 않을 때

도형의 회전 도구가 보이지 않을 때는 도형의 두께를 키우고 회전시킨 후 크기를 작게 만들어주거나 Ctrl 키를 누른 채 마우스 휠을 드래그하여 화면을 확대해 회전 도구를 사용합니다.

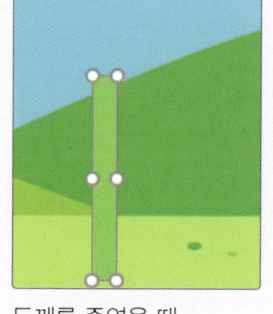 

두께를 줄였을 때   두께를 키웠을 때

❼ 이번에는 꽃잎을 만들어볼까요? [삽입] 탭-[일러스트레이션] 그룹에서 [도형( )]-'기본 도형'-
'타원( )'을 선택합니다.
   ※ 한쇼 2022 : [입력] 탭-[자세히( )]-'기본 도형'-'타원( )'

❽ 원을 길쭉하게 그려줍니다. 꽃잎은 4~5개 정도가 적당하겠죠? 회전 도구( )를 사용하여 도형을 돌리고 Ctrl 키를 누른 채 드래그하여 예쁘게 꽃잎을 만들어줍니다.

❾ 꽃잎 전체를 드래그하고 마우스 오른쪽 단추를 클릭한 후, [그룹화]-'그룹'을 클릭합니다.
   ※ 한쇼 2022 : [마우스 오른쪽 단추 클릭]-[그룹]-'개체 묶기'

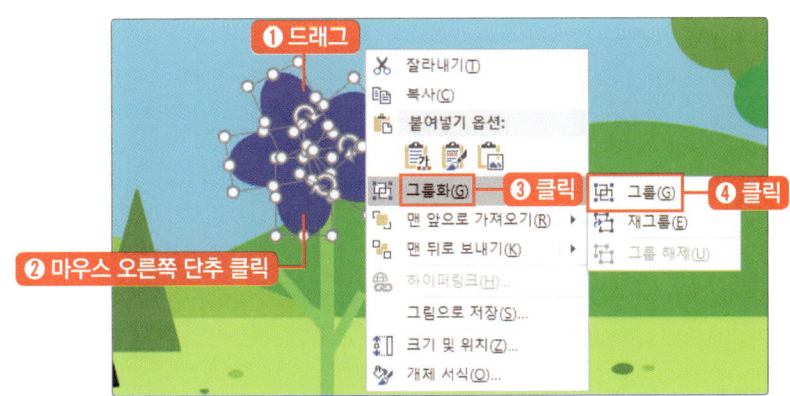

CHAPTER 03 알록달록 꽃들과 춤을 춰요. • 027

❿ 그룹화된 꽃의 색을 변경하기 위해 [도형 서식] 탭-[도형 스타일] 그룹에서 [도형 채우기]-'빨강'을 선택하고 [도형 윤곽선]-'윤곽선 없음'을 클릭합니다.

※ 한쇼 2022 : [도형(🖼)] 탭-[도형 채우기]-'빨강' / [도형 윤곽선]-'없음'

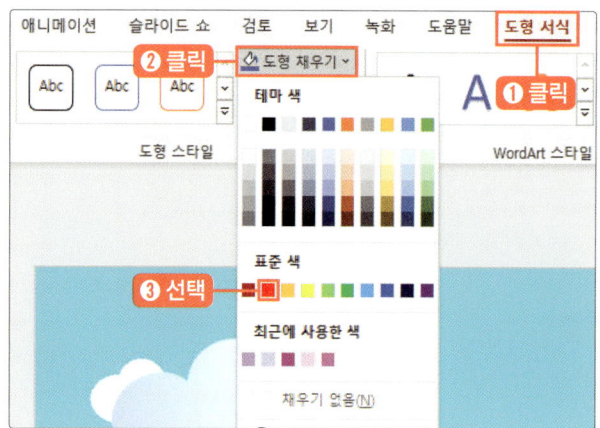
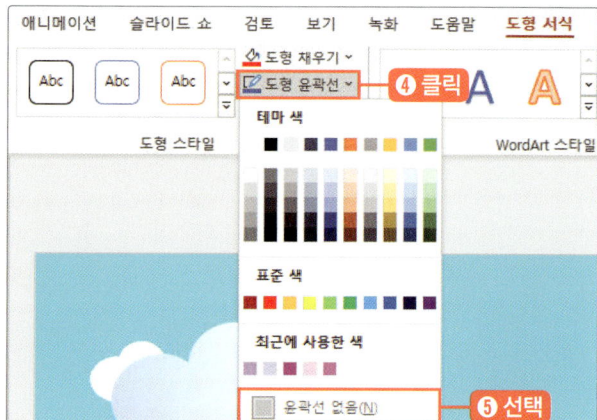

⓫ 이제 꽃잎 가운데 정원을 그려줄게요. '타원(○)' 도형을 Shift 키를 누른 채 그려줍니다. 줄기 끝에 꽃 몽우리도 만들어줄게요.

⓬ 마지막으로 꽃잎 정원과 꽃 몽우리의 색을 변경하고 윤곽선을 없애줍니다. 예쁜 꽃이 만들어졌어요!
※ 색깔은 마음에 드는 색으로 변경합니다.

02 애니메이션 효과를 이용하여 꽃을 회전시켜요.

❶ 그룹화된 꽃잎을 클릭하고 [애니메이션] 탭-[애니메이션] 그룹에서 [자세히] 단추를 클릭한 후 [강조]-'회전'을 선택합니다.

❷ 이제 구름과 나무와 꽃들도 같이 움직이게 해볼까요? [고급 애니메이션] 그룹에서 [애니메이션 창]을 클릭합니다.

  ※ 한쇼 2022 : [애니메이션 작업 창]

❸ 오른쪽 작업 창이 활성화되면 적용된 애니메이션을 마우스 오른쪽 단추로 클릭하고 바로가기 메뉴가 나타나면 '이전 효과와 함께 시작'을 클릭합니다.

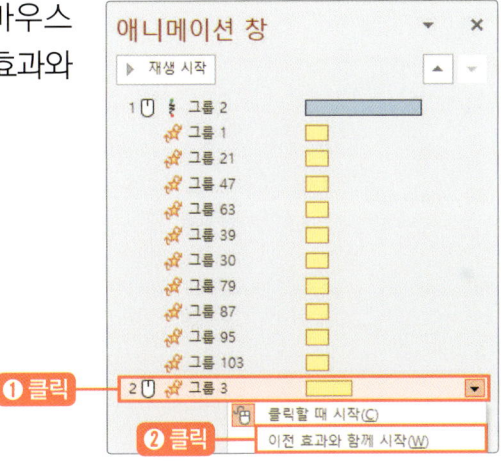

❹ 완성된 작품을 확인해볼까요? [슬라이드 쇼] 탭-[슬라이드 쇼 시작] 그룹에서 '처음부터'를 누르고 화면을 클릭하면 구름이 움직이고, 나무도 흔들리며, 바람 소리도 재생되고 꽃들도 회전해요.

※ Esc 키를 누르면 [슬라이드 쇼]를 종료할 수 있어요.

❺ [파일]-[다른 이름으로 저장]-[찾아보기]를 클릭합니다. 이어서, [다른 이름으로 저장] 대화상자가 나오면 본인 이름의 폴더에 '꽃_완성'으로 저장합니다.

미션 수행하기

📁 **불러올 파일** : 꽃 복사하기.pptx   📁 **완성된 파일** : 꽃 복사하기_완성.pptx

1 그룹화를 하여 꽃을 복사하고 그룹화를 해제하여 색깔과 애니메이션을 지정합니다.

● 애니메이션 : 회전 – 이전 효과와 함께 시작

한쇼 2022

[마우스 오른쪽 단추로 클릭]-[그룹]-'개체 풀기'

 **삼각아 도와줘!**

▶ **그룹화 해제하기** : 그룹화된 꽃을 마우스 오른쪽 단추로 클릭하고 [그룹화]-'그룹 해제'를 클릭하면 돼.
▶ **애니메이션 지정하기** : [Ctrl] 키를 누른 상태로 여러 개의 도형을 클릭하면 한 번에 애니메이션을 지정할 수 있어.

CHAPTER 04

붕붕윙윙 꿀벌과 하늘을 날아요.

이런걸 배워요!
- 그룹화된 도형의 크기를 일정하게 줄일 수 있어요.
- 여러 가지 도형을 만들어서 그룹화할 수 있어요.

📁 **불러올 파일** : 꿀벌.pptx   📁 **완성된 파일** : 꿀벌_완성.pptx

완성작품 미리보기

무슨 일이 있었을까?

삼각이는 나무와 꽃들이 있는 산을 보며 행복한 하루를 지내고 있었어요.
그때 어디서 부웅부웅~ 윙윙~하는 소리가 들렸어요. 앗 꿀벌이에요!
하지만 꿀벌은 저 멀리로 날아가 버렸어요.
꿀벌을 본 삼각이는 꿀벌 친구를 직접 만들어보기로 결심했답니다.

01 도형으로 꿀벌을 만들어요.

① [PowerPoint 2021]을 실행한 후, [열기]-[찾아보기]를 클릭합니다. 이어서, [불러올 파일]-[CHAPTER 04]-'꿀벌.pptx'를 선택한 후 <열기> 단추를 클릭하여 파일을 불러옵니다.

② 꿀벌 배 부분을 만들기 위해 [삽입] 탭-[일러스트레이션] 그룹에서 [도형( )]-'기본 도형'-'눈물 방울( )'을 선택합니다.
    ※ 한쇼 2022 : [입력] 탭-[자세히( )]-'기본 도형'-'눈물 방울( )'

③ 마우스 포인터가 ┼ 모양으로 변경되면 드래그하여 그림과 같이 그려줍니다. 이어서, 회전 도구( )를 사용해 옆으로 돌려줍니다.

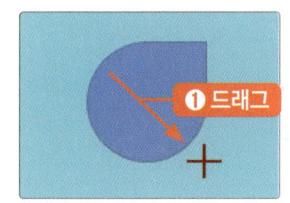 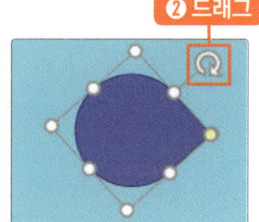

④ 도형의 색깔을 바꿔볼까요? [도형 서식] 탭-[도형 스타일] 그룹에서 [도형 채우기]-'검정, 텍스트1'을 클릭하고 [도형 윤곽선]-'윤곽선 없음'을 클릭합니다.
    ※ 한쇼 2022 : [도형( )] 탭-[도형 채우기]-'검정' / [도형 윤곽선]-'없음'

 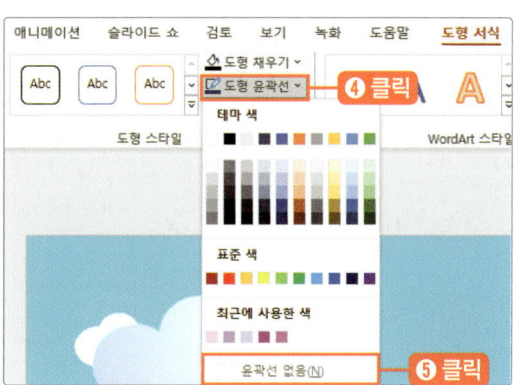

❺ 배 부분에 무늬를 주기 위해서 [삽입] 탭-[일러스트레이션] 그룹에서 [도형( )]-'순서도'-'순서도: 저장 데이터( )'를 선택한 후, 무늬를 만들어줍니다.

※ 한쇼 2022 : [입력] 탭-[자세히( )]-'순서도'-'순서도: 저장 데이터'

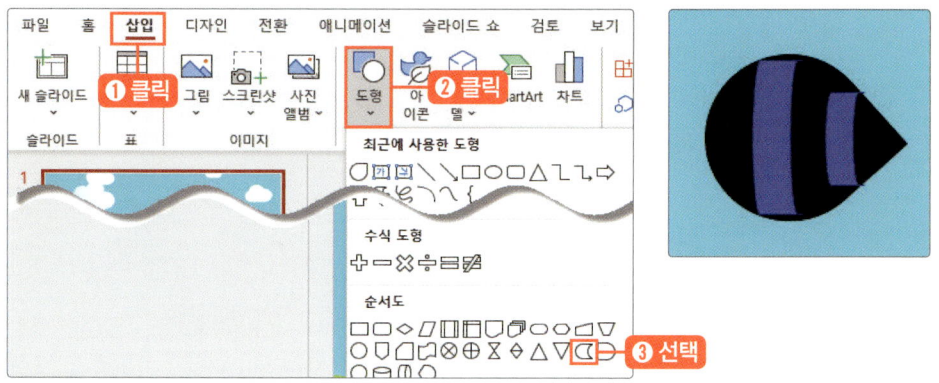

❻ Ctrl 키를 누른 채 두 개의 도형을 클릭하고 색깔을 '황금색, 강조 4'로 지정한 후 윤곽선을 지워줍니다.

※ 한쇼 2022 : [도형( )] 탭-[도형 채우기]-'강조 4 노랑' / [도형 윤곽선]-'없음'

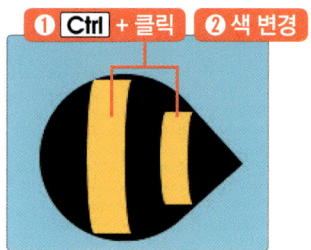

❼ [도형( )]-'기본 도형'-'타원( )'을 선택합니다. 몸을 먼저 만들고 얼굴을 만든 후 색을 변경하고 윤곽선을 지워줍니다.

※ 몸통 색깔 : '황금색, 강조 4' 얼굴 색깔 : '황금색, 강조 4, 60% 더 밝게'

 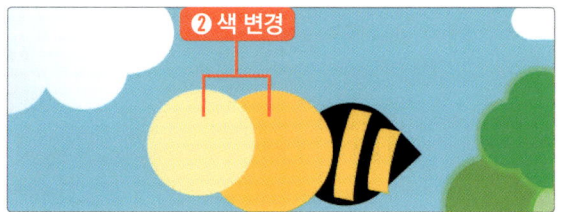

❽ [도형( )]-'기본 도형'-'타원( )'을 선택하고 길쭉한 타원을 만든 후 회전 도구( )를 사용하여 회전 시켜줍니다. 이어서, '색을 황금색, 강조 4, 60% 더 밝게'로 바꾸고 윤곽선을 없애줍니다.

※ 한쇼 2022 : 노른자색 80% 밝게

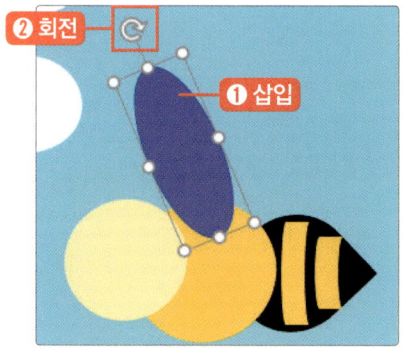 

⑨ 이어서, Ctrl 키를 누른 채 드래그하여 도형을 복사하고 회전 도구()를 사용해 도형을 돌린 후 위치를 변경합니다.

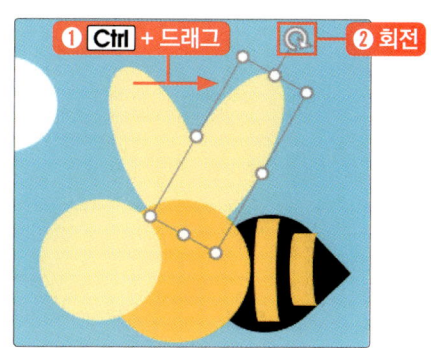

⑩ Ctrl 키를 누른 채 날개를 클릭하고 날개 위에서 마우스 오른쪽 단추를 눌러 대화상자가 나오면 '맨 뒤로 보내기'를 클릭합니다.
※ 한쇼 2022 : [마우스 오른쪽 단추 클릭]-[순서]-[맨 뒤로]

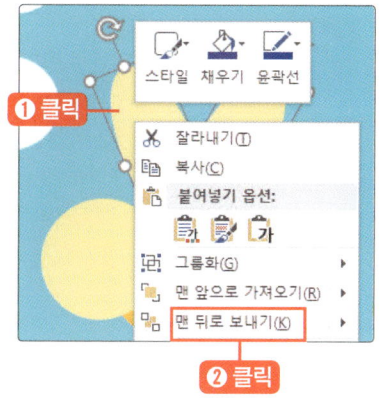

02 꿀벌의 얼굴을 만들어요.

❶ [삽입] 탭-[일러스트레이션] 그룹에서 [도형( )]-'기본 도형'-'원호()'를 클릭하고 드래그하여 더듬이를 만들어줍니다.
※ 한쇼 2022 : [입력] 탭-[자세히( )]-'기본 도형'-'원호( )'

❷ 이어서, 윤곽선의 색을 '검정 텍스트 1'로 바꿔줍니다.

※ 한쇼 2022 : 검정

❸ [도형( )]-'기본 도형'-'타원( )'을 선택합니다. 더듬이 앞 부분에 작게 동그라미를 그려볼게요. 그리고 도형의 색을 바꾸고, 윤곽선을 없애줍니다.

※ Shift 키를 누른 채, 드래그하면 동그란 원을 만들 수 있어요.

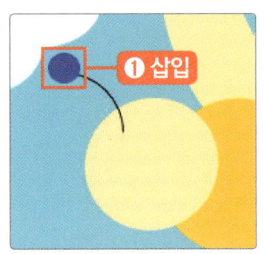 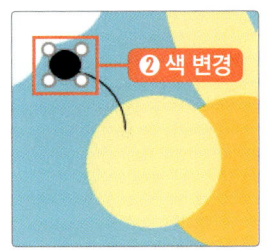

❹ 왼쪽 더듬이만 드래그 해줍니다. 이어서, Ctrl 키를 누른 채 드래그하여 복사하고 위치를 변경합니다.

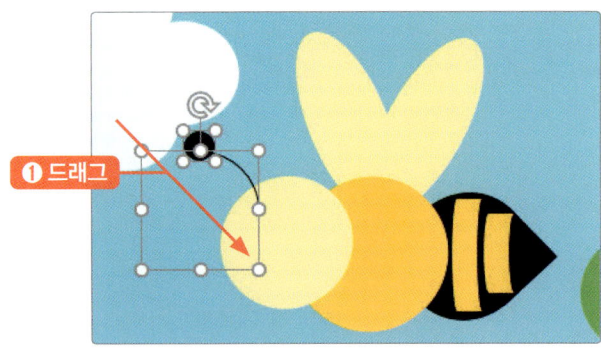 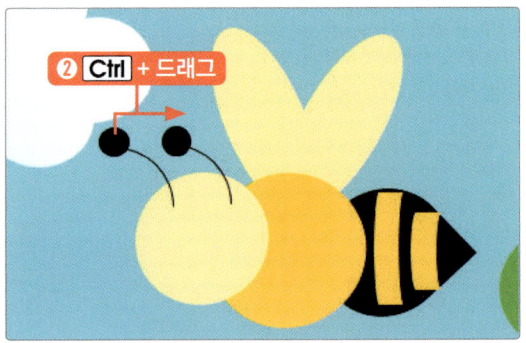

❺ 이제 얼굴을 만들어 줄까요? 더듬이 끝 부분 타원을 Ctrl 키를 누른 채 드래그하여 복사하고 크기를 줄여줍니다. 같은 방법으로 볼터치와 코를 복사하여 만들고 색을 변경합니다.

※ 색은 자유롭게 선택합니다.

❻ [도형(🔲)]-'순서도'-'순서도: 지연(D)'을 선택하고 드래그하여 블록을 설치한 후 회전 도구(🔄)를 사용해 도형을 돌려줍니다.

※ 한쇼 2022 : [입력] 탭-[자세히(⌄)]-'순서도'-'순서도 : 지연(D)'

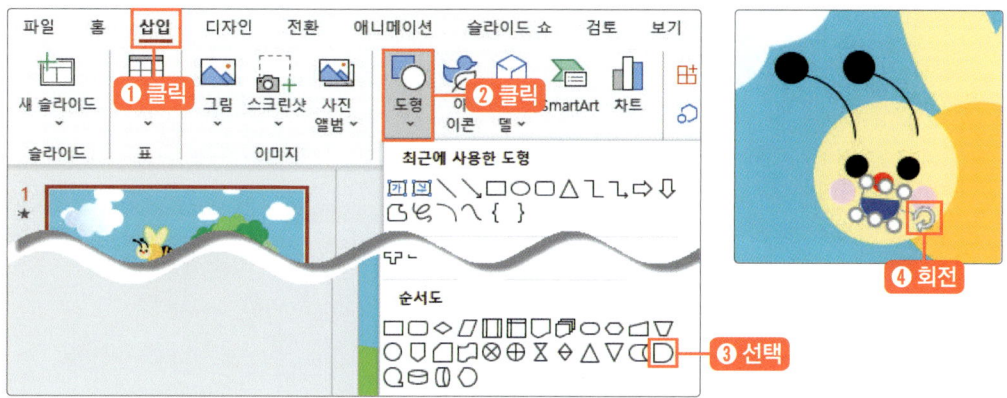

❼ [도형 서식] 탭-[도형 스타일] 그룹의 [도형 채우기]에서 '채우기 없음'을 선택합니다. 이어서, [도형 윤곽선]-'빨강'을 선택합니다.

※ 한쇼 2022 : [도형(🔲)] 탭-[도형 채우기]-'없음' / [도형 윤곽선]-'빨강'

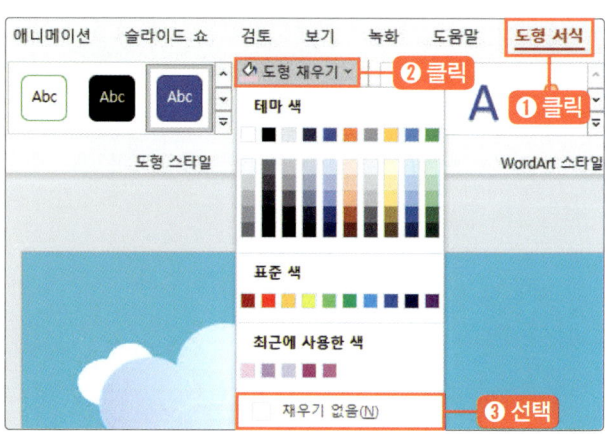 

❽ 꿀벌만 마우스로 드래그해서 선택하고 마우스 오른쪽 단추를 눌러 대화상자가 나오면 [그룹화]-'그룹'을 클릭합니다.

※ 한쇼 2022 : [마우스 오른쪽 단추 클릭]-[그룹]-'개체 묶기'

❾ 조절점(○)을 드래그하여 꿀벌을 작게 만들고 오른쪽 위로 이동해줍니다.
너무 귀여운 꿀벌이 완성되었어요!

※ Shift 키를 누른 채 크기를 줄이면 모양이 변하지 않아요.

❿ [파일]-[다른 이름으로 저장]-[찾아보기]를 클릭합니다. 이어서, [다른 이름으로 저장] 대화상자가 나오면 본인 이름의 폴더에 '꿀벌_완성'으로 저장합니다.

CHAPTER 04 미션 수행하기

📘 불러올 파일 : 날개 꾸미기.pptx   📗 완성된 파일 : 날개 꾸미기_완성.pptx

1 네온 효과를 지정하고 애니메이션을 적용하여 꿀벌을 완성합니다.

- **도형 효과** : 네온 : 11pt, 황금색, 강조색4
- **애니메이션** : 사용자 지정 경로(5초)

한쇼 2022

네온 : 강조 색 4, 10pt
애니메이션 : 자유 곡선(5초)

 **삼각아 도와줘!**

▶ **크기 키우기** : 꿀벌이 너무 작아 클릭하기 어렵다면 조절점(◯)을 사용하여 키웠다가 줄일 수 있어!
▶ **도형 선택하기** : 그룹화가 되어 있어도 `Ctrl` 키를 누른 채 클릭하면 날개를 따로 선택할 수 있지~
▶ **애니매이션 지정하기** : [CHAPTER 01]에서 배운 애니메이션을 사용하면 자유롭게 움직일 수 있어!

CHAPTER 05 일곱빛깔 무지개가 나타났어요.

이런걸 배워요!
- 도형을 복사하여 사용할 수 있어요.
- 노란색 조절점을 이용해 도형의 모양을 바꿀 수 있어요.

■ 불러올 파일 : 배경.jpg   ■ 완성된 파일 : 무지개_완성.pptx

○─ 완성작품 미리보기

무슨 일이 있었을까?

삼각이는 멀리 날아가 버린 꿀벌을 따라가다가 너무 높이 날아오게 되었어요.
그러다가 그만 길을 잃어버리고 말았죠.
그때 예쁜 무지개가 나타나는 것 아니겠어요?
너무 예쁜 일곱빛깔 무지개를 보고 우리 삼각이는 반해버렸어요.
삼각이는 무지개를 그려보기로 결심했답니다.

들어가기 전 잠깐!

도형의 모양을 이렇게 변형시켜요.

① 도형을 선택하면 나오는 노란색 조절점(◉)을 드래그하면 모양이 변형됩니다.

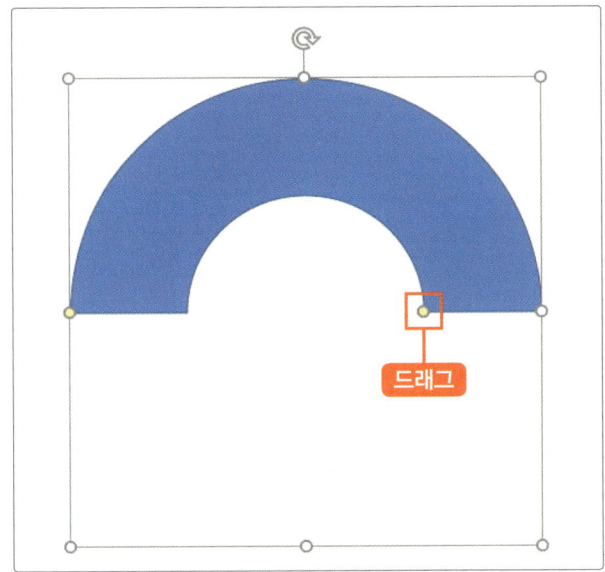
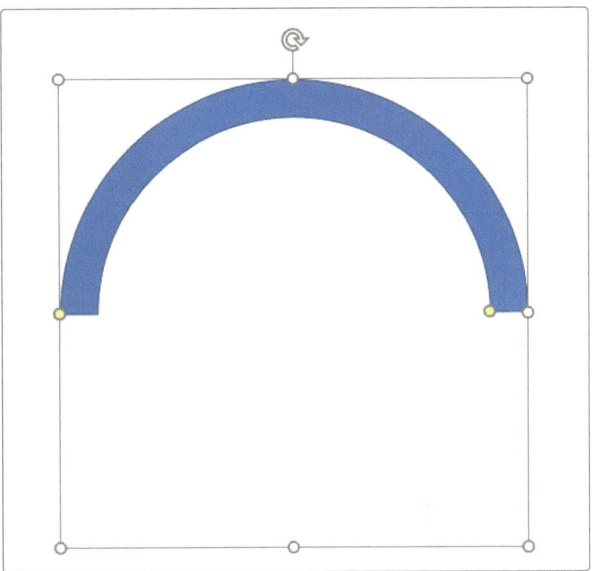

② 도형의 모양을 일정하게 바꾸려면 Shift 키를 누른 채 조절점(◯)을 드래그해요.

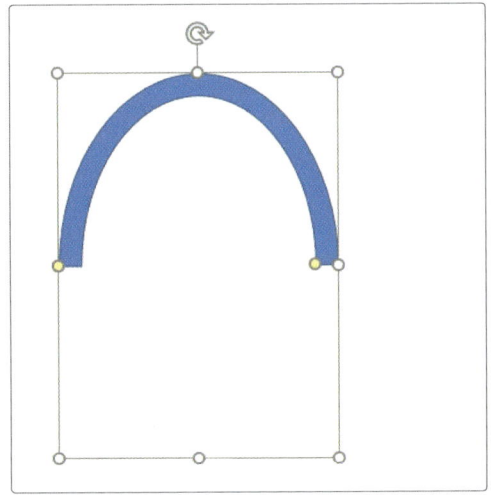
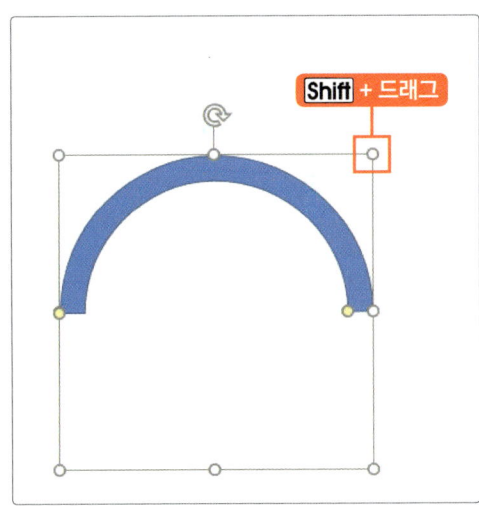

▲ Shift 키를 안눌렀을 때   ▲ Shift 키를 눌렀을 때

 무지개 만들기

①
도형 : 막힌 원호( )
색깔 : 빨강
윤곽선 : 없음

②
안쪽 도형 : 빨강 막힌 원호 도형을 복사 드래그하고 크기를 줄여서 배치
색깔 : 무지개 색의 순서에 따라서 색깔 변경

③
그룹화 : 도형 전체를 드래그하고 그룹화
애니메이션 : 닦아내기 – 왼쪽에서(2초)

한쇼 2022

애니메이션 : 닦아내기 – 오른쪽으로

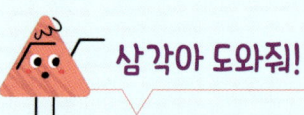 삼각아 도와줘!

▶ **도형 복사** : Ctrl 키를 누른 채 드래그하면 도형을 복사할 수 있어!
▶ **효과 옵션** : 애니메이션 선택 창 오른쪽에 '효과 옵션'을 클릭하면 애니메이션의 방향을 지정할 수 있지~

미션 수행하기

■ 불러올 파일 : 표정 만들기.pptx   ■ 완성된 파일 : 표정 만들기_완성.pptx

① 조절점을 이용해서 웃는 표정을 만들고 구름에 그라데이션 효과를 지정합니다.

- 사용된 도형 : 타원(◯), 막힌 원호(⌒), 구름(☁)
- 애니메이션 : 닦아내기-왼쪽에서(2초)

한쇼 2022

애니메이션 : 닦아내기 – 오른쪽으로(2초)

 삼각아 도와줘!

▶ **애니메이션** : 표정을 그리고 난 후에는 무지개와 같이 애니메이션을 지정해야 하기 때문에 무지개랑 표정을 전부 드래그한 후 그룹화해서, 애니메이션을 지정해줘.

CHAPTER 06
둥실둥실 열기구와 함께 여행을 떠나요.

이런걸 배워요!
- 도형을 앞으로, 뒤로 보낼 수 있어요.
- 도형에 여러 가지 색을 그라데이션으로 채울 수 있어요.

 ■ 불러올 파일 : 열기구.pptx   ■ 완성된 파일 : 열기구_완성.pptx

완성작품 미리보기

무슨 일이 있었을까?

삼각이가 무지개를 다 그리고 나니, 저 멀리서 무지개와 비슷하게 생긴 무언가가
가까이 다가왔어요. 자세히 보니, 열기구가 둥실둥실 떠다니고 있네요.
삼각이는 얼른 열기구가 타고 싶었어요. 그리고 여행을 떠나기로 했어요.
삼각이는 어디로 도착하게 될까요? 우리 같이 열기구를 만들고 여행을 떠나요.

들어가기 전 잠깐!

그라데이션은 이렇게 설정해요.

① 도형을 마우스 오른쪽 단추로 클릭하고 [도형 서식]을 클릭합니다. 이어서, 오른쪽 작업창이 나타나면 [채우기]-[그라데이션 채우기]를 클릭합니다.

   ※ 한쇼 2022 : [마우스 오른쪽 단추 클릭]-'개체 속성'

▲ 파워포인트   ▲ 한쇼 2022

② [그라데이션 중지점 추가] 단추로 중지점을 추가하고 각각 중지점의 색을 변경합니다. 이어서, 중지점을 드래그하여 그라데이션을 조절합니다.

   ※ 한쇼 2022 : [채우기]-[그러데이션]

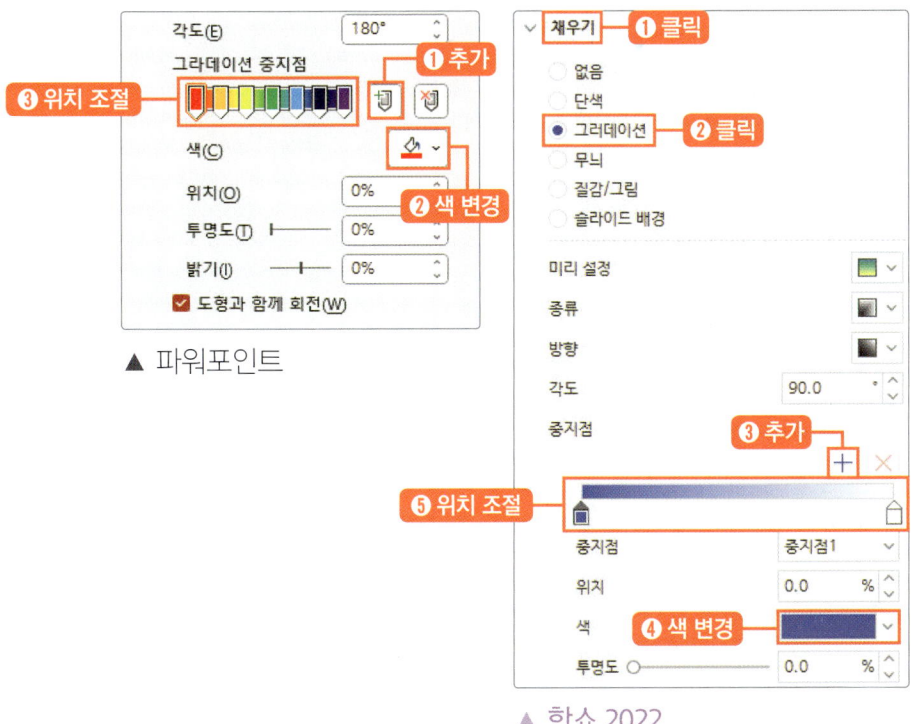

▲ 파워포인트

▲ 한쇼 2022

 열기구 만들기

① 도형 : 타원(◯)
색깔 : 그라데이션 채우기
윤곽선 : 검정 텍스트 1, 두께 6pt

② 도형 : 직사각형(▢)
색깔 : 검정, 텍스트1
윤곽선 : 없음

③ 도형 : 사다리꼴(⬜)
색깔 : 주황, 강조2, 25% 더 어둡게
윤곽선 : 없음

④ 도형 : 순서도: 수행의 시작/종료(◯)
색깔 : 주황, 강조2, 25% 더 어둡게
윤곽선 : 없음

⑤ 도형 : 이등변 삼각형(△)
색깔 : 빨강, 노랑, 녹색, 파랑, 자주
윤곽선 : 없음

한쇼 2022
① **도형** : 타원, 그러데이션 채우기, 윤곽선(검정)
② **도형** : 직사각형, 채우기(검정)
③ **도형** : 사다리꼴, 채우기(노른자색 25% 어둡게)
④ **도형** : 순서도: 수행의 시작/종료, 채우기(노른자색 25% 어둡게)
⑤ **도형** : 이등변 삼각형, 채우기(빨강, 노랑, 초록, 파랑, 보라)

 삼각아 도와줘!

▶ **도형 윤곽선 두께** : [도형 윤곽선]에서 [두께]를 클릭하면 윤곽선 두께를 설정할 수 있어!
  ※ 한쇼 2022 : [도형(🖌)]-[도형 윤곽선]-[선 굵기]

▶ **도형 앞, 뒤로 보내기** : 도형을 마우스 오른쪽 단추로 클릭하고 '맨 앞으로 가져오기', '맨 뒤로 보내기'를 클릭해.
  ※ 한쇼 2022 : [마우스 오른쪽 단추로 클릭]-[순서]-[맨 앞으로]

CHAPTER 06 미션 수행하기

📁 **불러올 파일** : 깃발.pptx   📁 **완성된 파일** : 깃발_완성.pptx

1 그라데이션 효과를 사용해 깃발과 풍선을 만들고 열기구와 함께 애니메이션을 지정해요.

- **사용된 도형** : 타원(◯), 사각형: 둥근 모서리(▢), 이등변 삼각형(△)
- **애니메이션** : 크게/작게

한쇼 2022

도형 : 모서리가 둥근 직사각형(▢)
애니메이션 : 한쇼 2022에서는 '크게/작게' 애니메이션이 없기 때문에 '날아오기' 애니메이션을 적용합니다.

 **삼각아 도와줘!**

▶ **애니메이션** : 깃발을 만들고 난 후에는 열기구와 함께 애니메이션을 지정해야 하기 때문에 열기구와 깃발을 드래그한 후, 그룹화해서 애니메이션을 지정해줌.

CHAPTER 06 둥실둥실 열기구와 함께 여행을 떠나요. • **047**

CHAPTER 07
삼각이 집을 지어보아요.

이런걸 배워요!
- 도형을 회전할 수 있어요.
- 도형에 질감을 채울 수 있어요.

■ 불러올 파일 : 집.pptx   ■ 완성된 파일 : 집_완성.pptx

○─ 완성작품 미리보기

무슨 일이 있었을까?

열기구를 타고 둥실둥실 다니다보니, 예쁜 마을이 보였어요.
삼각이는 이 마을이 너무 예뻐서 여기에 집을 짓고 살고 싶었어요.
삼각이는 삼각모양 집을 짓기로 했답니다.

들어가기 전 잠깐!

도형에 질감을 채울 수 있어요.

① 도형을 클릭하고 [도형 서식] 탭-[도형 스타일] 그룹에서 [도형 채우기]-[질감]을 선택한 후 원하는 질감을 선택합니다.

한쇼 2022

한쇼 2022에서는 [도형( )] 탭-[도형 채우기]-[질감]을 클릭합니다. 파워포인트 2021과 한쇼 2022의 질감 종류는 다르게 나오기 때문에 비슷한 느낌의 질감을 선택해 줍니다.

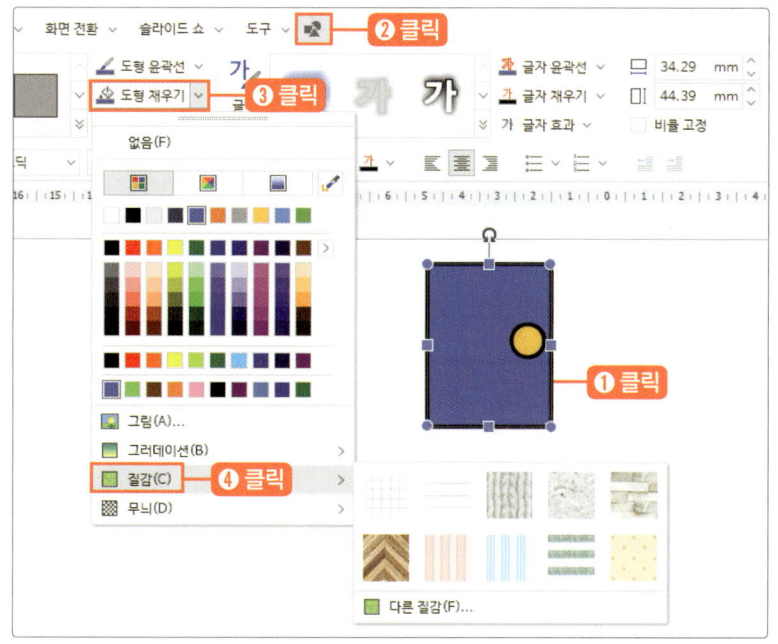

CHAPTER 07 삼각이 집을 지어보아요. • 049

삼각이 집 만들기

③
도형 : 현(○), 십자형(✚)
색깔 : 현(파랑, 강조 1, 80% 더 밝게), 십자형(검정 텍스트 1)
윤곽선 : 현(검정 텍스트 1, 두께 3pt), 십자형(윤곽선 없음)

①
도형 : 화살표: 오각형(▷)
색깔 : 노랑
윤곽선 : 검정 텍스트 1, 두께 3pt

②
도형 : 1/2 액자(▛)
색깔 : 빨강
윤곽선 : 검정 텍스트 1, 두께 3pt

④
도형 : 직사각형(□)
색깔 : 질감(오크)
윤곽선 : 검정 텍스트 1, 두께 3pt

⑤
도형 : 타원(○)
색깔 : 주황
윤곽선 : 검정 텍스트 1, 두께 3pt

한쇼 2022
① 도형 : 오각형, 채우기(노랑), 윤곽선(검정)
② 도형 : 1/2 액자, 채우기(빨강), 윤곽선(검정)
③ 도형 : 현, 십자형, 채우기(에메랄드 블루 80% 밝게, 검정)
④ 도형 : 직사각형, 질감(나무), 윤곽선(검정)
⑤ 도형 : 타원, 채우기(주황), 윤곽선(검정)

 **삼각아 도와줘!**

▶ **도형 변형하기** : 도형의 노란색 조절점과 회전 도구를 사용하면 도형을 변형할 수 있어! 창문은 다 그린 후에 그룹화하고 복사해서 사용하면 되겠지?

CHAPTER 07 미션 수행하기

■ 불러올 파일 : 우체통.pptx   ■ 완성된 파일 : 우체통_완성.pptx

> **1** 질감을 채우고 색깔을 변경하여 입체감 있는 우체통을 만들어 줍니다.

- 사용된 도형 : 직사각형(□), 정육면체(🔲), 사각형: 둥근 위쪽 모서리(□), 순서도: 지연(D)

한쇼 2022
도형 : 양쪽 모서리가 둥근 사각형(□)
질감 : 나무

삼각아 도와줘!

▶ **우체통 색깔** : 우체통 안쪽 색을 진하게 만들어서 더 입체감 있게 만들어줘.

CHAPTER 07 삼각이 집을 지어보아요. • 051

CHAPTER 08 지지배배 작은 새가 놀러왔어요.

이런걸 배워요!
- 선으로 도형을 그릴 수 있어요.
- 다른 색 채우기를 이용하여 다양한 색으로 도형을 채워요.

■ 불러올 파일 : 새.pptx   ■ 완성된 파일 : 새_완성.pptx

완성작품 미리보기

무슨 일이 있었을까?

삼각이는 삼각이집에서 너무 행복하고 평안하게 살고 있었어요.
그러던 어느날 지지배배 하며 예쁜 새가 놀러왔답니다.
삼각이는 새와 함께 즐거운 시간을 보내며 행복했어요.

052 • 도형 놀이터

들어가기 전 잠깐!

다른색 채우기를 사용해서 다양하고 예쁜 색을 지정할 수 있어요.

① 도형을 클릭하고 [도형 서식] 탭-[도형 스타일] 그룹에서 [도형 채우기]-[다른 채우기 색]을 클릭합니다. 이어서, [색] 창이 나타나면 마음에 드는 색깔을 선택하여줍니다.

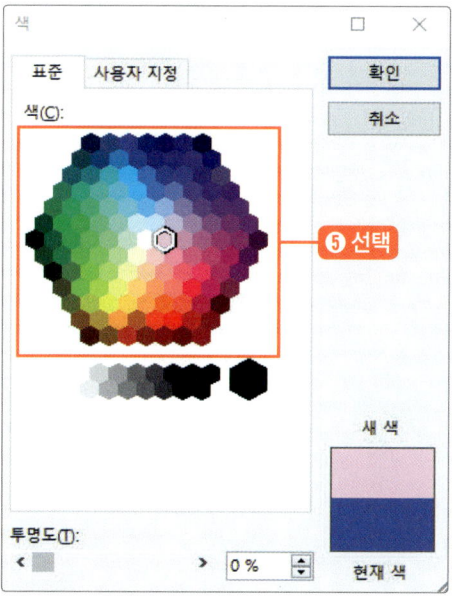

② [사용자 지정]을 클릭하면 좀 더 섬세한 설정이 가능합니다.
　※ 한쇼 2022 : [도형( )] 탭-[도형 채우기]- 팔레트 / 스펙트럼

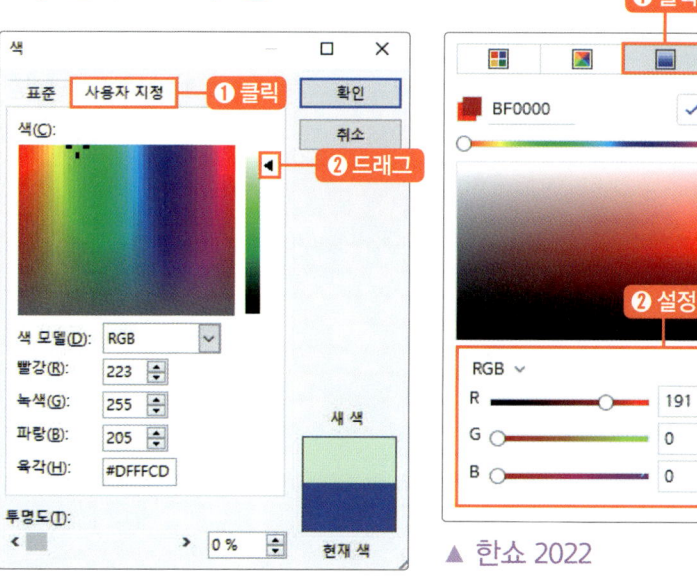

▲ 파워포인트　　　　　▲ 한쇼 2022

작은 새 만들기

②
도형 : 타원(◯)
색깔 : 다홍색(다른 채우기 색)
윤곽선 : 없음

①
도형 : 부분 원형(◗)
색깔 : 다홍색(다른 채우기 색)
윤곽선 : 없음

④
도형 : 이등변 삼각형(△)
색깔 : 주황
윤곽선 : 없음

③
도형 : 타원(◯)
색깔 : 검정 텍스트 1
윤곽선 : 없음

⑤
도형 : 눈물 방울(◯)
색깔 : 연보라
  (다른 채우기 색)
윤곽선 : 없음

⑥
도형 : 이등변 삼각형(△)
색깔 : 연보라, 다홍색
  (다른 채우기 색)
윤곽선 : 없음

⑦
도형 : 선(◥)
색깔 : 없음
윤곽선 : 검정 텍스트 1,
  두께 1pt

⑧
그룹화 : 도형 전체를 드래그하고 그룹화
애니메이션 : 사용자 지정 경로(3초)

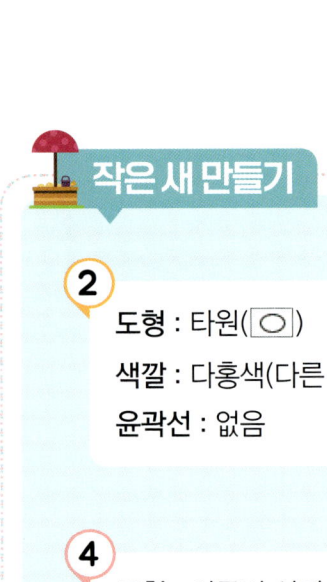

> **한쇼 2022**
> ① **도형** : 부분 원형, 채우기(R:255, G:204, B:204)
> ③ **도형** : 타원, 채우기(검정)
> ⑤ **도형** : 눈물 방울, 채우기(R:255, G:153, B:255)
> ⑦ **도형** : 선, 채우기(없음), 윤곽선(검정)
> ⑧ **애니메이션** : 자유곡선

 **삼각아 도와줘!**

▶ **새 다리 만들기** : 다리를 작게 만드는건 어려우니 크게 다리를 만들고 그룹화 해서 작게 만들어봐~

CHAPTER 08 미션 수행하기

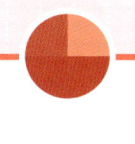

■ 불러올 파일 : 둥지 만들기.pptx ■ 완성된 파일 : 둥지 만들기_완성.pptx

1 '다른 채우기 색' 기능을 사용하여 둥지를 꾸며줍니다.

● 사용된 도형 : 타원(◯), 별 : 꼭짓점 32개(✹), 사다리꼴(⬠)

한쇼 2022
도형 : 포인트가 32개인 별(✹)

삼각아 도와줘!

▶ 복사하기 : 알을 복사할 때는 Ctrl 키 누른 상태에서 드래그하면 더 쉽게 복사할 수 있어.

CHAPTER 08 지지배배 작은 새가 놀러왔어요. • 055

CHAPTER 09
햇볕은 쨍쨍, 모래알은 반짝!

이런걸 배워요!
- 도형을 회전할 수 있어요.
- 도형의 네온 효과를 사용할 수 있어요.

■ 불러올 파일 : 배경.jpg   ■ 완성된 파일 : 태양_완성.pptx

완성작품 미리보기

무슨 일이 있었을까?

무더운 여름이 찾아왔어요.
너무 더웠던 삼각이는 바닷가에 놀러갔답니다.
따사로운 햇볕과 반짝거리는 모래알이 삼각이를 맞이해주었어요.

들어가기 전 잠깐!

네온 효과는 이렇게 지정할 수 있어요.

❶ 도형을 선택하고 [도형 서식] 탭-[도형 스타일] 그룹의 [도형 효과]-[네온]에서 효과를 지정합니다.

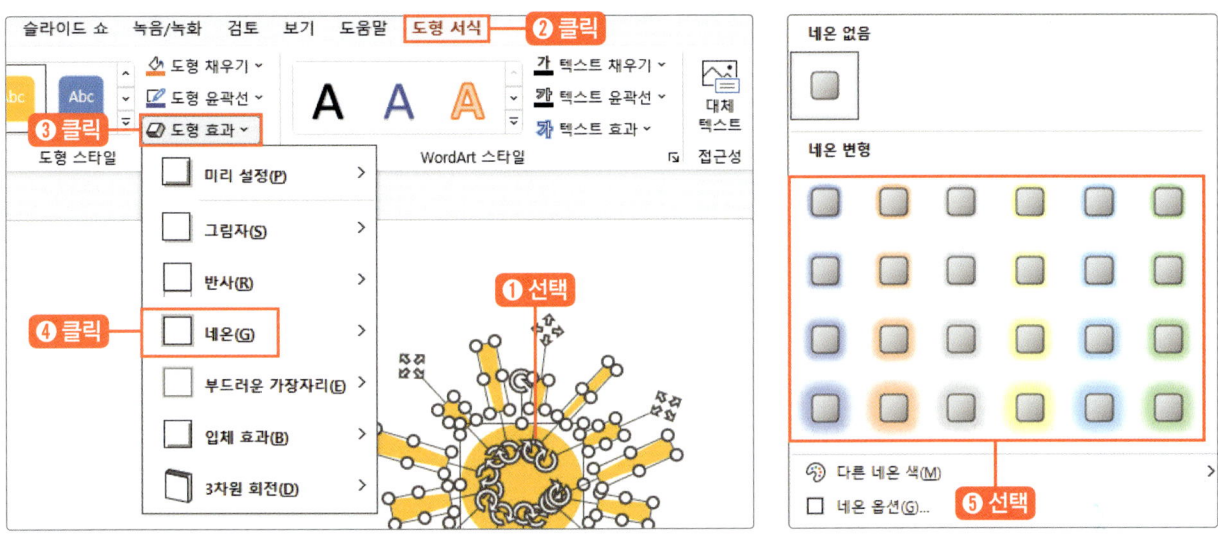

한쇼 2022

한쇼 2022에서도 같은 방법을 사용하지만 네온 효과의 종류가 파워포인트에 비해 적습니다.

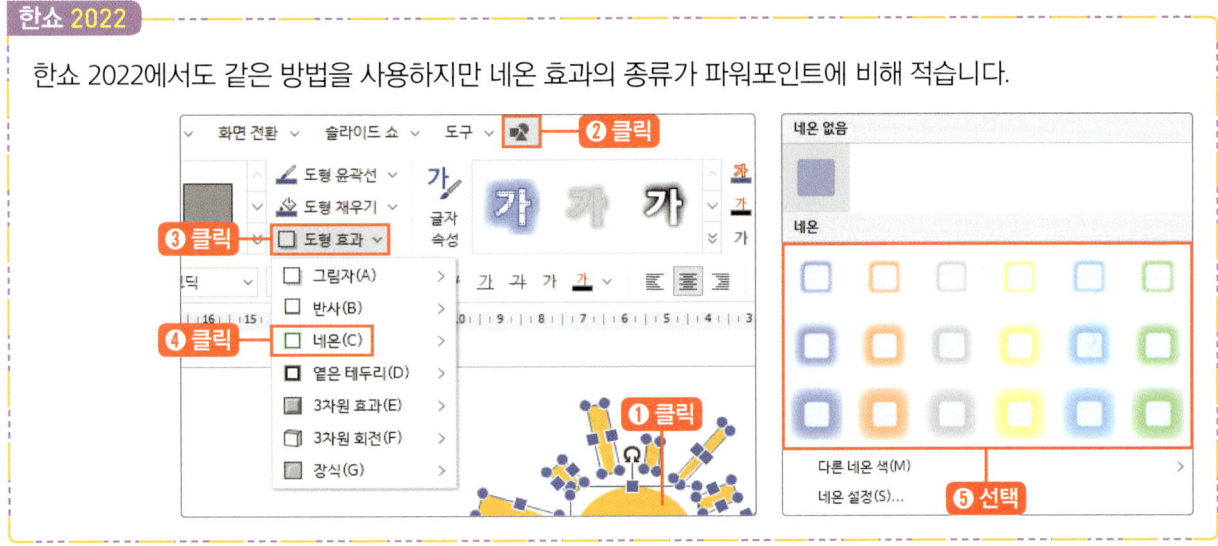

 **태양 만들기**

①
- 도형 : 타원(◯)
- 색깔 : 황금색, 강조 4
- 윤곽선 : 없음
- 도형 효과 : 네온: 11pt, 주황, 강조색 2

②
- 도형 : 사다리꼴(⬜)
- 색깔 : 황금색, 강조 4
- 윤곽선 : 없음
- 도형 효과 : 네온: 11pt, 주황, 강조색 2

③
- 그룹화 : 도형 전체를 드래그하고 그룹화
- 애니메이션 : 올라오기(5초)

한쇼 2022
① 도형 : 타원, 채우기(강조 4 노랑), 도형 효과(강조 색 2, 10pt)
② 도형 : 사다리꼴, 채우기(강조 4 노랑), 도형 효과(강조 색 2, 10pt)

 **삼각아 도와줘!**

▶ **복사하기** : 사다리꼴 도형에 색을 채우고, 네온 효과를 지정한 후 복사하면 색깔과 효과도 같이 복사가 돼서 더 빠르게 만들 수 있지

▶ **도형 움직이기** : 키보드의 방향키 →←↑↓를 클릭하면 도형을 좀 더 섬세하게 움직일 수 있어

CHAPTER 09 미션 수행하기

📁 불러올 파일 : 선글라스.ppt   📁 완성된 파일 : 선글라스_완성.pptx

1 선글라스를 만들어 네온 효과를 지정하고 삼각이 몸을 만들어 질감을 채워줍니다.

- **사용된 도형** : 현(◯), 막힌 원호(◠), 이등변 삼각형(△), 선(╲), 달(☾), 타원(◯)
- **도형 효과** : 네온: 5pt, 황금색, 강조색 4

한쇼 2022

네온 : 강조 색 4, 5pt
채우기 : 노른자색 40% 밝게

 **삼각아 도와줘!**

▶ **선글라스** : 선글라스 알 부분이 똑같아야 자연스러워 꼭 복사하기 기능을 사용해서 만들어줌

CHAPTER 10
튜브를 타고 신나게 놀아요.

이런걸 배워요!
- 도형을 회전할 수 있어요.
- 도형을 앞으로 뒤로 보낼 수 있어요.

📁 불러올 파일 : 튜브.pptx   📁 완성된 파일 : 튜브_완성.pptx

○— 완성작품 미리보기

무슨 일이 있었을까?

삼각이가 너무 더워서 바다에 들어가고 싶어졌어요.
그런데 삼각이는 수영을 하지 못해 고민이 되었어요.
물이 무서운 삼각이에게 튜브를 만들어서 선물해줄까요?

060 • 도형 놀이터

들어가기 전 잠깐!

도형은 이렇게 회전해요.

① 도형을 클릭하고 회전 도구를 드래그하여 도형을 돌려줍니다.

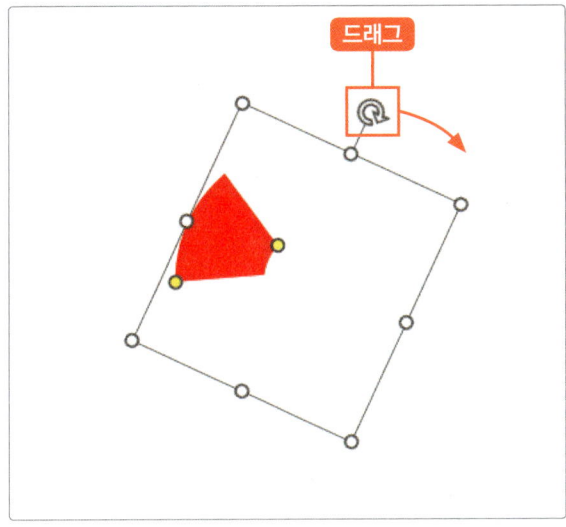

② 튜브를 만들 때 가운데 원이 찌그러지지 않도록 조심합니다.
　※ 가운데 원이 찌그러지면 튜브의 모양도 같이 찌그러집니다.

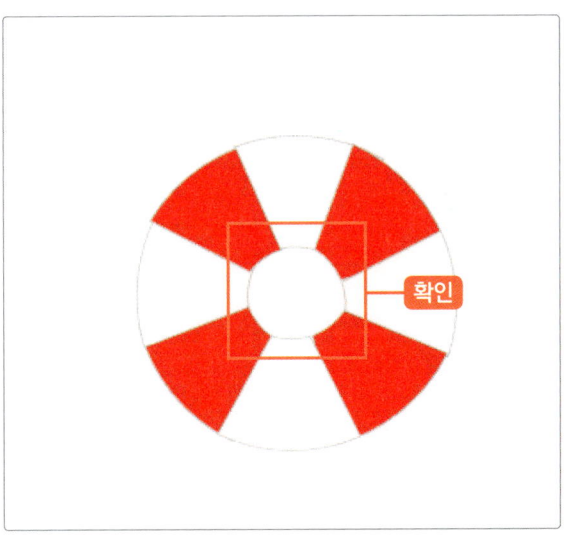

튜브 만들기

①
- 도형 : 막힌 원호(⌒)
- 색깔 : 흰색 배경 1, 빨강
- 윤곽선 : 없음

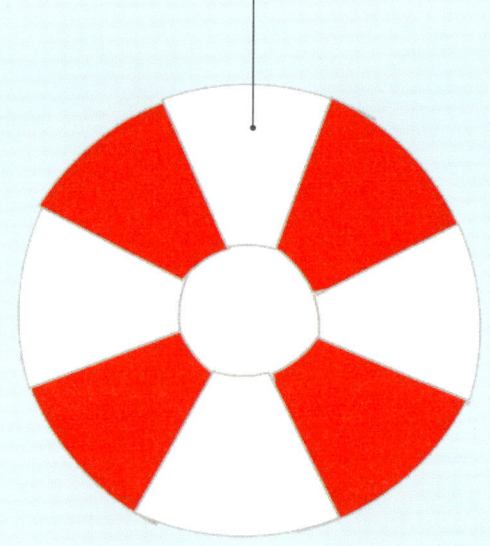

②
- 그룹화 : 도형 전체를 드래그하고 그룹화
- 애니메이션 : 바운드

> **한쇼 2022**
> ① 도형 : 막힌 원호, 채우기(하양, 빨강)
> ② 한쇼 2022에서는 [애니메이션] 탭-[자세히(⌵)]-[나타내기 다른 효과]에서 바운드 효과를 찾을 수 있습니다.

 **삼각아 도와줘!**

▶ **도형 변형하기** : 도형의 노란색 조절점과 하얀색 조절점을 사용하여 모양을 변형할 수 있어!

▶ **튜브 만들기** : 튜브 가운데 동그라미가 찌그러지면, 튜브 모양도 이상하게 변형되니 조심해!

미션 수행하기

■ 불러올 파일 : 파라솔.pptx   ■ 완성된 파일 : 파라솔_완성.pptx

1 도형을 다양한 방향으로 회전시켜 파라솔을 만들어요.

● 사용된 도형 : 이등변 삼각형(△), 직사각형(□)

 삼각아 도와줘!

▶ **복사하기** : 이등변 삼각형을 클릭한 후 Ctrl 키를 눌러서 복사하면 더 쉽게 만들 수 있어.
▶ **도형 움직이기** : 키보드의 방향키 →←↑↓를 클릭하면 도형을 좀 더 섬세하게 움직일 수 있어

CHAPTER 11
맛있고 시원한 수박주스를 마셔봐요.

이런걸 배워요!
- 두 가지 다른 도형을 합쳐서 모양을 만들 수 있어요.
- 도형에 투명도를 적용할 수 있어요.

■ 불러올 파일 : 수박 주스.pptx   ■ 완성된 파일 : 수박 주스_완성.pptx

완성작품 미리보기

무슨 일이 있었을까?

튜브를 타고 신나게 놀던 삼각이는 목이 너무 말랐어요.
시원한 주스가 너무 먹고 싶었답니다.
역시 여름하면 수박이 떠오르죠?
우리 삼각이에게 시원한 수박 주스를 만들어줄까요?

들어가기 전 잠깐!

투명도는 이렇게 적용할 수 있어요.

① 도형을 마우스 오른쪽 단추로 클릭하고 [도형 서식]을 클릭합니다.
   ※ 한쇼 2022 : [마우스 오른쪽 단추 클릭]-[개체 속성]

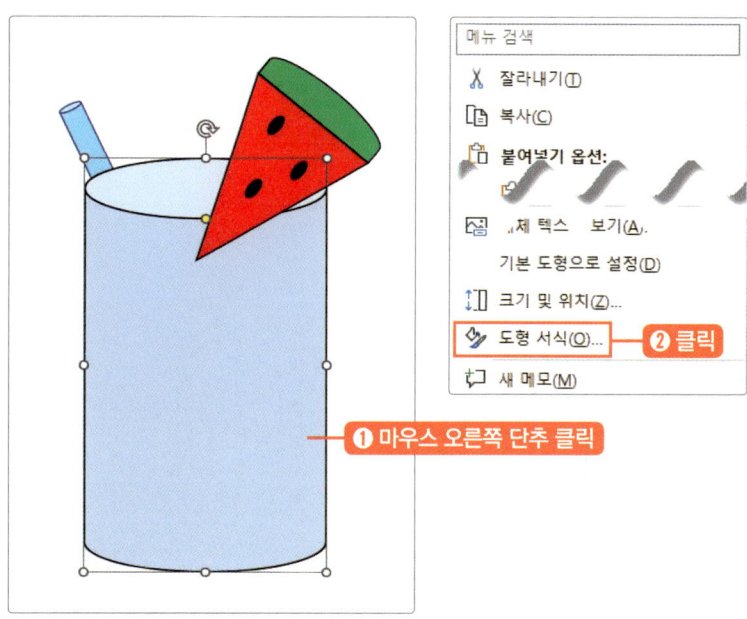

② 오른쪽 작업 창이 나오면 [채우기]-[단색 채우기]를 클릭하고 투명도를 설정합니다.
   ※ 한쇼 2022 : [채우기]-투명도 설정

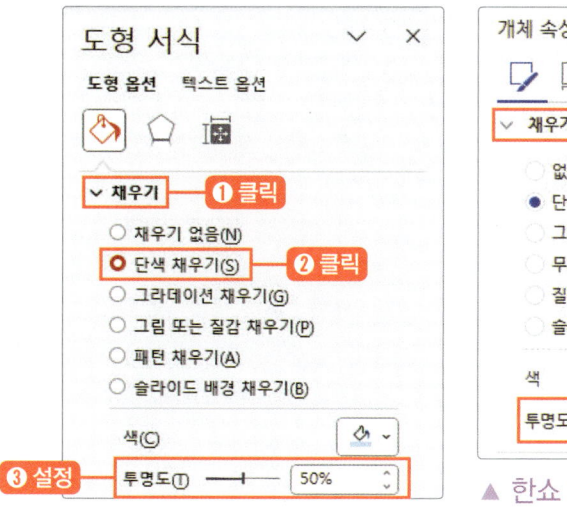

▲ 파워포인트

▲ 한쇼 2022

CHAPTER 11 맛있고 시원한 수박주스를 마셔봐요. • 065

수박 주스 만들기

⑤ 도형 : 순서도: 지연(▱)
색깔 : 녹색
윤곽선 : 검정, 텍스트1

④ 도형 : 이등변 삼각형(△)
색깔 : 빨강
윤곽선 : 검정, 텍스트1

⑥ 도형 : 타원(○)
색깔 : 검정, 텍스트1
윤곽선 : 없음

③ 도형 : 원통형(▯)
색깔 : 연한 파랑
윤곽선 : 검정, 텍스트1
투명도 : 50%

② 도형 : 원통형(▯)
색깔 : 빨강
윤곽선 : 없음
애니메이션 : 닦아내기(5초)

① 도형 : 원통형(▯)
색깔 : 파랑, 강조5, 60% 더 밝게
윤곽선 : 검정, 텍스트1
투명도 : 50%

한쇼 2022

① 도형 : 원통, 채우기(바다색 80% 밝게), 윤곽선(검정)
② 도형 : 원통, 채우기(빨강), 윤곽선(없음), 애니메이션(닦아내기)
③ 도형 : 원통, 채우기(시안), 윤곽선(검정)
④ 도형 : 이등변 삼각형, 채우기(빨강), 윤곽선(검정)
⑤ 도형 : 순서도: 지연, 채우기(초록), 윤곽선(검정)
⑥ 도형 : 타원, 채우기(검정), 윤곽선(없음)

삼각아 도와줘!

▶ **투명도** : 투명도를 100%로 설정하면 색이 안보이니까 적당한 투명도를 마음대로 적용해봐.
▶ **순서** : 수박주스를 다 완성하고 투명도를 설정한 도형을 맨 앞으로 보내준 다음 수박을 만들어줘!

CHAPTER 11
미션 수행하기

■ 불러올 파일 : 얼음.pptx   ■ 완성된 파일 : 얼음_완성.pptx

1 투명도를 사용하여 얼음과 물방울을 투명하게 만들어 줍니다.

● 사용된 도형 : 정육면체(⬛), 눈물 방울(⬤)

한쇼 2022

투명도 : [마우스 오른쪽 단추 클릭]-[개체 속성]-[채우기]-투명도 설정

▶ **복사하기** : 도형 하나를 완성하고 복사하면 색깔과 윤곽선, 투명도 등 다양한 기능도 같이 복사가 가능해.

CHAPTER 12

귀여운 돌고래와 만났어요.

이런걸 배워요!
- 반사 효과를 적용할 수 있어요.
- 여러 가지 도형을 합쳐서 하나로 만들 수 있어요.

■ 불러올 파일 : 돌고래.pptx   ■ 완성된 파일 : 돌고래_완성.pptx

완성작품 미리보기

무슨 일이 있었을까?

바닷가에서 한창 놀던 삼각이는 저 멀리서 통통 뛰어오르던 무언가를 보게 되었어요.
어머! 돌고래가 뛰어 올랐어요!!!
삼각이는 돌고래에게 다가가 함께 즐거운 시간을 보냈답니다.

들어가기 전 잠깐!

여러 가지 도형을 하나로 합쳐 모양을 만들고 반사 효과를 적용해요.

① 이번 차시에서 만들 모양은 많은 도형을 사용하기 때문에 위치를 잘 정해야 해요
키보드의 →, ←, ↑, ↓ 키를 눌러 섬세하게 위치를 조절해 보세요.

▲ 도형 합치기 전

▲ 도형 합친 후

② 도형을 선택하고 [도형 서식] 탭-[도형 스타일] 그룹의 [도형 효과]-[반사]에서 반사 효과를 선택해 줍니다.

※ 한쇼 2022 : [도형( )] 탭-[도형 효과]-[반사]

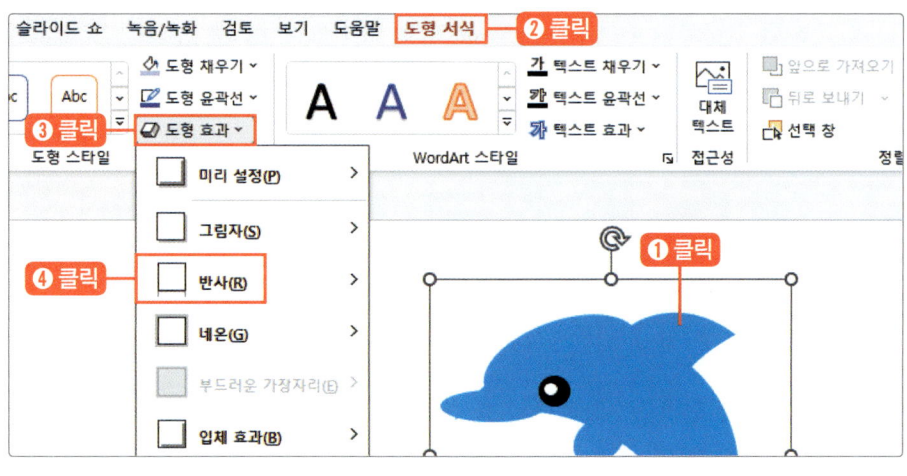
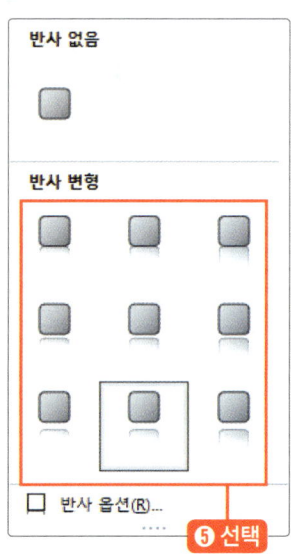

CHAPTER 12 귀여운 돌고래와 만났어요. • **069**

 돌고래 만들기

5 도형 : 타원(◯)
색깔 : 검정, 텍스트1, 흰색 배경 1
윤곽선 : 없음

2 도형 : 타원(◯)
색깔 : 연한 파랑
윤곽선 : 없음

1 도형 : 달(☾)
색깔 : 연한 파랑
윤곽선 : 없음

4 도형 : 눈물 방울(◯)
색깔 : 연한 파랑
윤곽선 : 없음

3 도형 : 달(☾)
색깔 : 흰색, 배경1
윤곽선 : 없음
순서 : 맨 뒤로 보내기

6 그룹화 : 도형 전체를 드래그하고 그룹화
도형 효과 : 1/2 반사: 8pt 오프셋
애니메이션 : 사용자 지정 경로(5초)

한쇼 2022
① 도형 : 달, 채우기(시안)
② 도형 : 타원, 채우기(시안)
③ 도형 : 달, 채우기(하양)
④ 도형 : 눈물 방울, 채우기(시안)
⑤ 도형 : 타원, 채우기(검정, 하양)
⑥ 도형 효과 : 1/2 크기, 8pt, 애니메이션(자유곡선)

 삼각아 도와줘!

▶ **도형 맨 뒤로 보내기** : 도형을 마우스 오른쪽 단추로 클릭하고 [맨 뒤로 보내기]를 클릭하여 뒤로 보낼 수 있어!

▶ **돌고래** : 돌고래는 여러 모양들이 겹쳐있어서 만들기가 쉽지 않아 그래서 조각 조각 떼어낸 모습을 옆에 보여줄게. 만들고 나면 정말 귀여운 돌고래가 완성될 거야~

미션 수행하기

■ 불러올 파일 : 고래.pptx   ■ 완성된 파일 : 고래_완성.pptx

1 여러 가지 도형을 하나로 합쳐 고래를 만들고 반사 효과를 적용합니다.

- 사용된 도형 : 달(☾), 타원(○), 하트(♡) 사다리꼴(△), 구름(☁)
- 도형 효과 : 1/2 반사: 8pt 오프셋

한쇼 2022

도형 효과 : 1/2 크기, 8pt

 **삼각아 도와줘!**

▶ **고래** : 고래도 여러 도형이 합쳐지니까 조각조각 떼어낸 모습을 보여줄게.

CHAPTER 13
깊은 바닷속에 잠수함을 타고가요.

이런걸 배워요!
- 도형을 앞으로, 뒤로 보내요.
- 네온 효과를 두 번 적용해요.

■ 불러올 파일 : 배경.jpg   ■ 완성된 파일 : 잠수함_완성.pptx

완성작품 미리보기

무슨 일이 있었을까?

바닷가에서 놀다 보니, 삼각이는 바닷속이 무척 궁금해졌어요.
잠수함을 타고 깊은 바닷속에 가보고 싶어졌답니다.
삼각이가 깊은 바닷속에 갈 수 있도록 잠수함을 만들어줄까요?

들어가기 전 잠깐!

도형에 네온 효과를 두 번 지정해요.

❶ 기존에 배운 것처럼 도형을 선택하고 네온 효과를 적용해 줍니다.

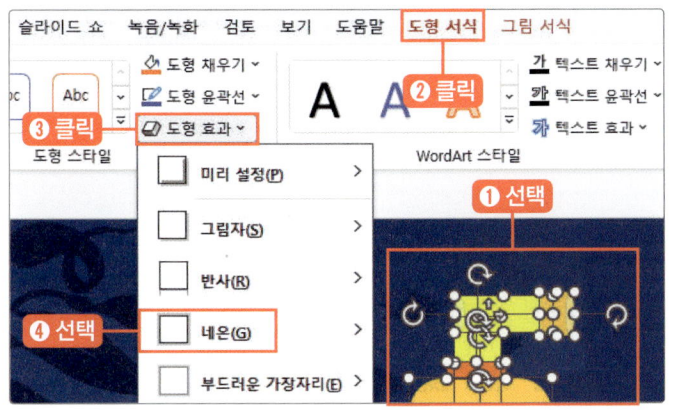

❷ 도형 전체를 드래그하여 그룹화 하고 다시 한 번 네온 효과를 지정하면 두 가지 색의 네온을 사용하거나 더 밝은 네온을 적용할 수 있습니다.

잠수함 만들기

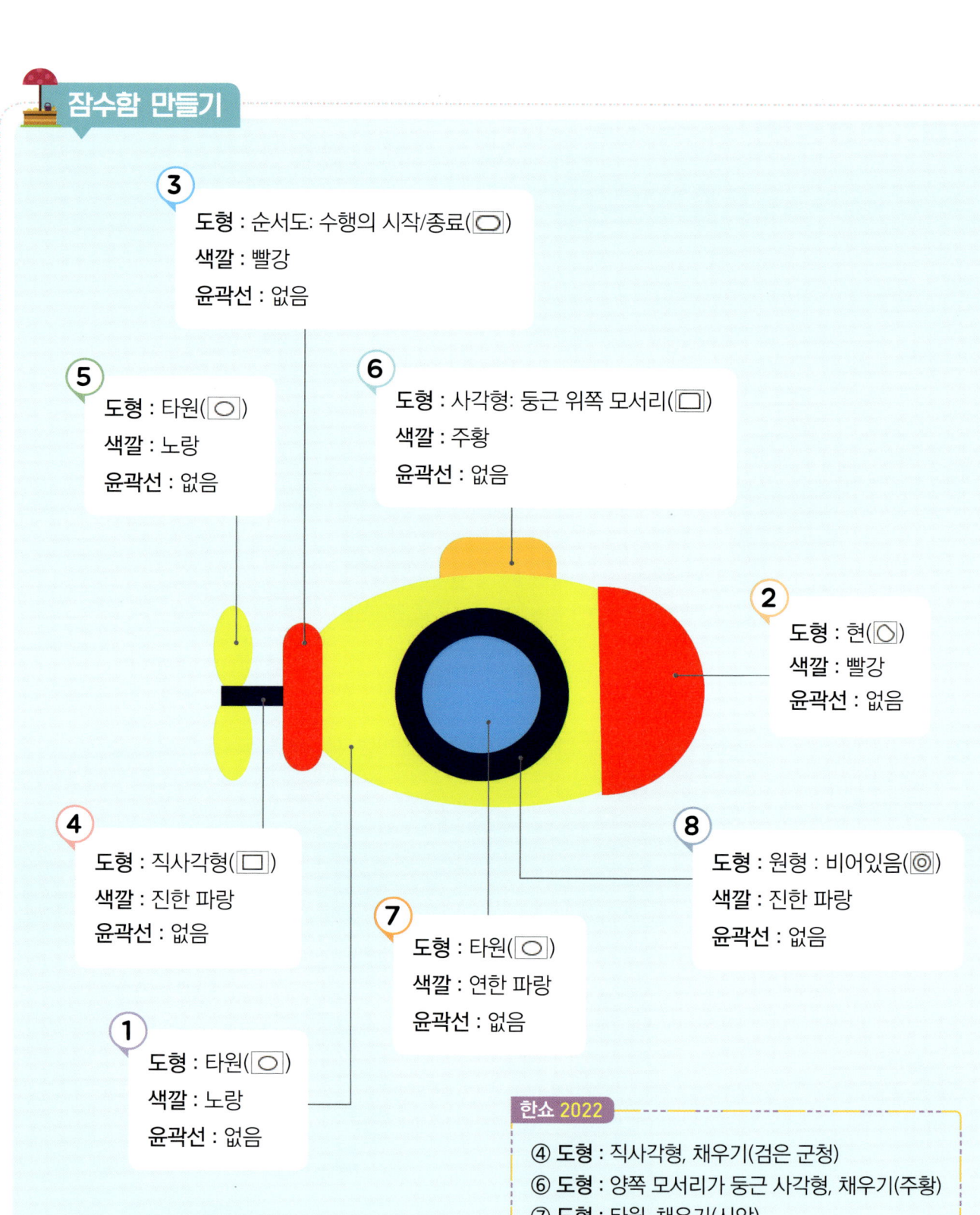

③ 도형 : 순서도: 수행의 시작/종료(▢)
색깔 : 빨강
윤곽선 : 없음

⑤ 도형 : 타원(◯)
색깔 : 노랑
윤곽선 : 없음

⑥ 도형 : 사각형: 둥근 위쪽 모서리(▢)
색깔 : 주황
윤곽선 : 없음

② 도형 : 현(◯)
색깔 : 빨강
윤곽선 : 없음

④ 도형 : 직사각형(▢)
색깔 : 진한 파랑
윤곽선 : 없음

⑧ 도형 : 원형 : 비어있음(◎)
색깔 : 진한 파랑
윤곽선 : 없음

⑦ 도형 : 타원(◯)
색깔 : 연한 파랑
윤곽선 : 없음

① 도형 : 타원(◯)
색깔 : 노랑
윤곽선 : 없음

한쇼 2022

④ 도형 : 직사각형, 채우기(검은 군청)
⑥ 도형 : 양쪽 모서리가 둥근 사각형, 채우기(주황)
⑦ 도형 : 타원, 채우기(시안)
⑧ 도형 : 도넛, 채우기(검은 군청)

삼각아 도와줘!

▶ **잠수함** : 이번 챕터에서는 전에 배운 기능들이 많이 사용돼 앞으로, 뒤로 보내기, 도형 변형하기 등 다양한 기능들로 잠수함을 만들어줘.

CHAPTER 13 미션 수행하기

■ 불러올 파일 : 잠수함 강화.pptx   ■ 완성된 파일 : 잠수함 강화_완성.pptx

1 도형으로 잠수함을 만들고 네온 효과를 두 번 지정합니다.

- 사용된 도형 : 타원(○), 직사각형(□), 원통형(▯)
- 도형 효과 : 네온: 11pt, 황금색, 강조색 4, 네온: 8pt, 황금색, 강조색 4
- 애니메이션 : 날아오기 – 위에서(5초)

한쇼 2022

도형 : 원통
도형 효과 : 네온 : 강조 색 4, 5pt / 강조 색 4, 10pt
애니메이션 : 날아오기-아래로(5초)

 **삼각아 도와줘!**

▶ **네온 효과 두 번 적용하기** : 그룹화하기 전 망원경 끝부분에 네온 효과를 지정하고 그룹화를 해줘! 그룹화가 된 도형을 선택하고 다시 한 번 네온 효과를 적용하면 두 번의 네온 효과가 적용돼!

▶ **애니메이션 효과 옵션** : 애니메이션을 선택하고 '효과 옵션'에서 방향을 지정할 수 있어!

CHAPTER 13 깊은 바닷속에 잠수함을 타고가요.

CHAPTER 14
엉금엉금 바다거북을 만났어요.

이런걸 배워요!
- 이미지를 삽입할 수 있어요.
- 도형을 앞으로, 뒤로 보낼 수 있어요.

■ 불러올 파일 : 거북이.pptx   ■ 완성된 파일 : 거북이_완성.pptx

완성작품 미리보기

무슨 일이 있었을까?

잠수함을 타고 바닷속으로 내려오니~ 바다거북이가 보여요.
엉금엉금 굉장히 느릴 줄 알았던
거북이는 의외로 빠르게 헤엄치네요. 우와~
느리기도, 빠르기도 한 거북이를 같이 만들어볼까요?

들어가기 전 잠깐!

파워포인트에 이미지를 삽입할 수 있어요.

❶ [삽입] 탭-[이미지] 그룹에서 [그림]-'이 디바이스에서'를 클릭합니다. [그림 삽입] 대화상자가 나오면 원하는 이미지를 선택하고 <삽입> 단추를 클릭합니다.

※ 한쇼 2022 : [입력] 탭-[그림]

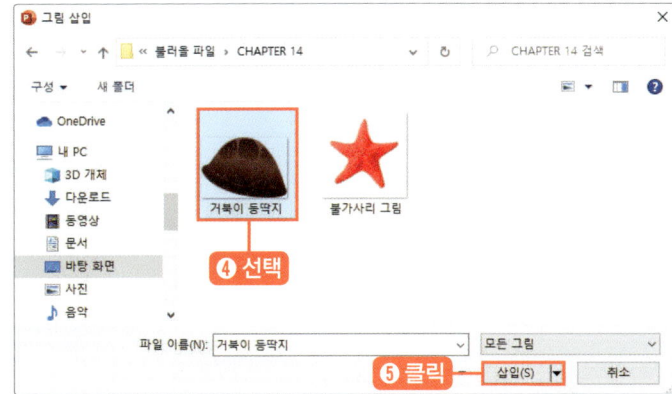

❷ 그림이 삽입되면 도형처럼 그림을 움직이거나 키울 수 있고 [그림 서식] 탭에서 그림 효과도 지정할 수 있습니다.

※ 한쇼 2022 : [그림] 탭-[그림 효과]

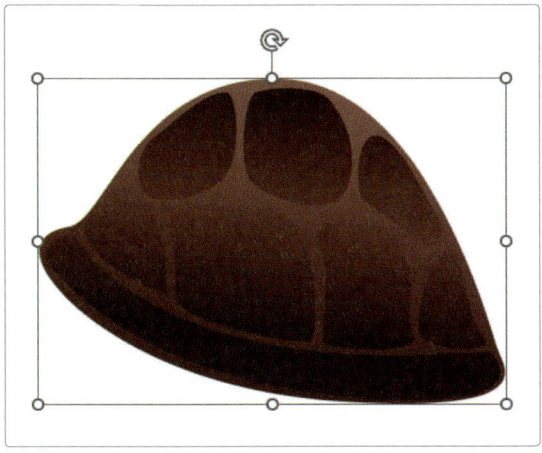
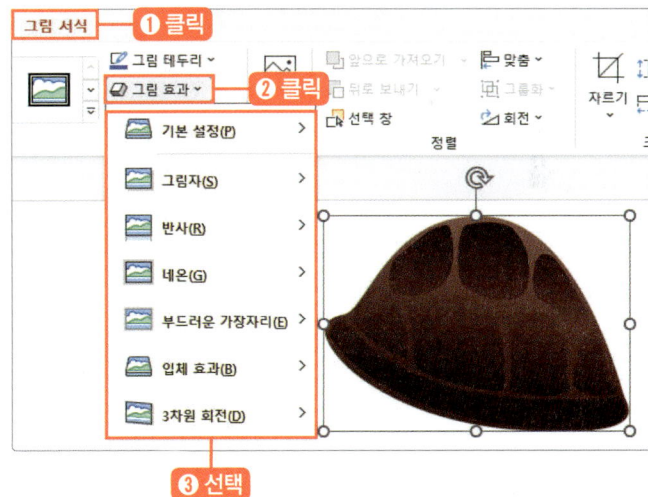

바다거북이 만들기

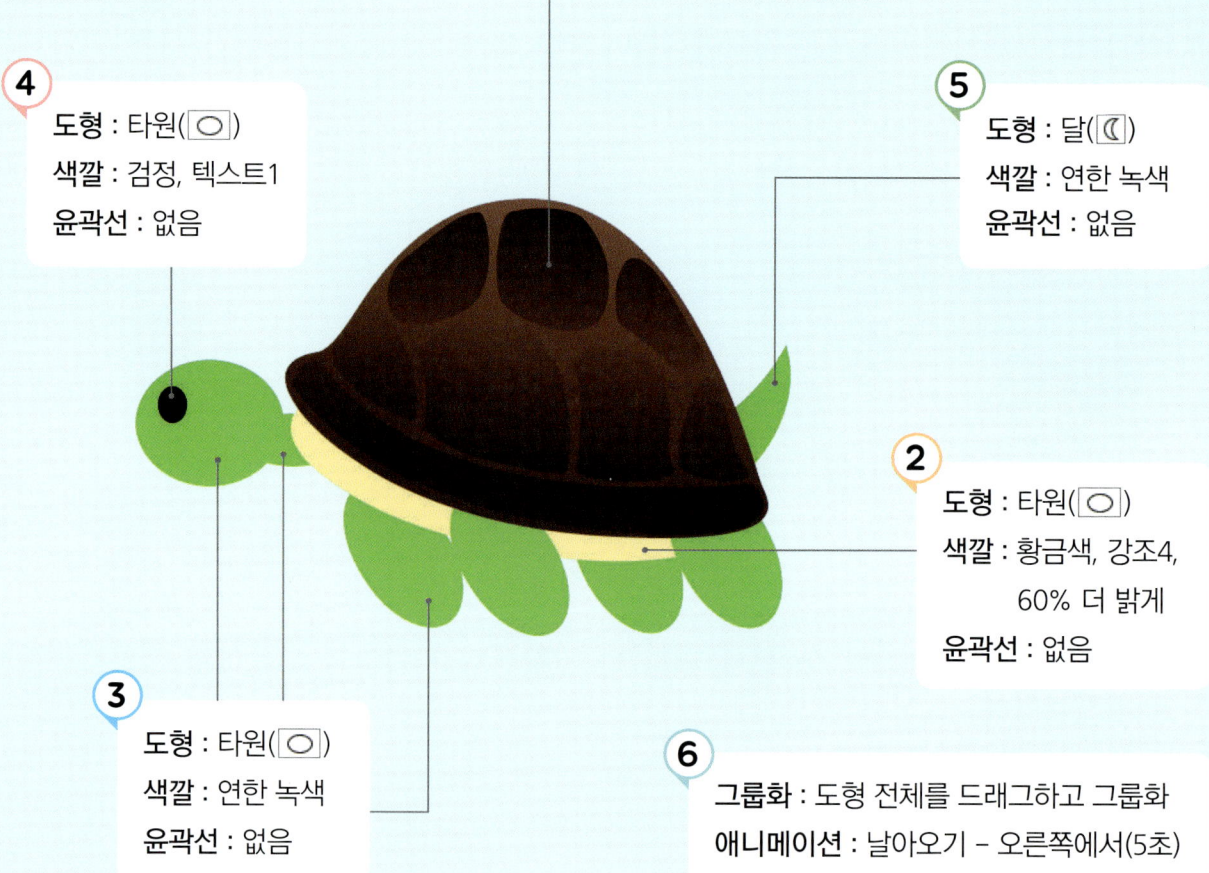

① [삽입]-[그림]-[이 디바이스]-[CHAPTER 14]-'거북이 등딱지.gif'

④ 도형 : 타원(◯)
색깔 : 검정, 텍스트1
윤곽선 : 없음

⑤ 도형 : 달(☾)
색깔 : 연한 녹색
윤곽선 : 없음

② 도형 : 타원(◯)
색깔 : 황금색, 강조4, 60% 더 밝게
윤곽선 : 없음

③ 도형 : 타원(◯)
색깔 : 연한 녹색
윤곽선 : 없음

⑥ 그룹화 : 도형 전체를 드래그하고 그룹화
애니메이션 : 날아오기 - 오른쪽에서(5초)

한쇼 2022

① **그림 삽입** : [입력]-[그림]-[CHAPTER 14]-'거북이 등딱지'
② **도형** : 타원, 채우기(노른자색 60% 밝게)
③ **도형** : 타원, 채우기(멜론색 40% 밝게)
④ **도형** : 타원, 채우기(검정)
⑤ **도형** : 달, 채우기(멜론색 40% 밝게)
⑥ **애니메이션** : 날아오기-왼쪽으로(5초)

 삼각아 도와줘!

▶ **거북이 등딱지** : 거북이는 등이 포인트야 [불러올 파일]-[CHAPTER 14]에서 거북이 등딱지 이미지를 가져와줘.
▶ **거북이 다리** : 거북이 다리 2개는 뒤로, 2개는 앞으로 보내줘야 해.
▶ **거북이 등딱지** : 거북이를 완성하면 꼭 등딱지를 맨 앞으로 보내줘!

CHAPTER 14 미션 수행하기

■ 불러올 파일 : 불가사리.pptx ■ 완성된 파일 : 불가사리_완성.pptx

1 이미지를 가져와서 배치하고 불가사리의 얼굴을 만들어 줍니다.

- 사용된 도형 : 타원(○), 달(☾)
- 사용된 그림 : 불가사리.png
- 애니메이션 : 날아오기-오른쪽에서(5초)

한쇼 2022
애니메이션 : 날아오기-왼쪽으로(5초)

삼각아 도와줘!

▶ **도형 만들기 :** Shift 키를 누른 채 도형을 만들면 크기가 변형되지 않고 일정하게 만들 수 있어~
▶ **애니메이션 :** 불가사리를 완성하면 거북이와 함께 그룹화한 후 애니메이션을 지정해야해~

CHAPTER 15
흐물흐물 오징어가 나타났어요.

이런걸 배워요!
- 다양한 색깔을 입힐 수 있어요.
- 애니메이션 효과를 사용하여 도형을 없어지게 할 수 있어요.

■ 불러올 파일 : 오징어.pptx   ■ 완성된 파일 : 오징어_완성.pptx

완성작품 미리보기

무슨 일이 있었을까?

이번에는 흐물흐물 오징어가 나타났어요.
오징어가 움직이는 모습은 참 신기해요.
흐물흐물 한 것 같다가도 통통 발사되기도 하고요.
오징어 다리는 몇 개일까요? 우리 같이 세어볼까요?

들어가기 전 잠깐!

애니메이션을 사용하여 도형을 사라지게 만들어요.

① 도형을 클릭하고 [애니메이션] 탭-[애니메이션] 그룹에서 [자세히] 단추를 클릭합니다. 이어서, [끝내기] 목록의 애니메이션을 선택합니다.

※ 끝내기 애니메이션은 도형을 슬라이드에서 사라지게 해주는 애니메이션입니다.

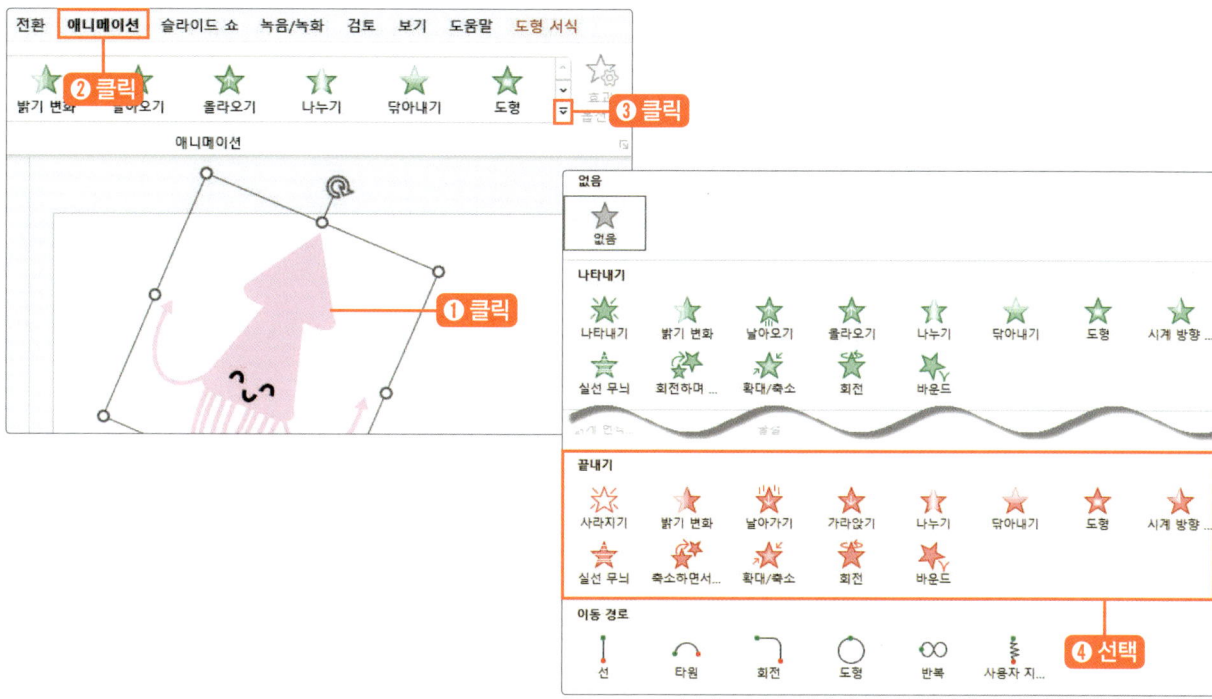

② 더 많은 애니메이션을 보고 싶다면 [자세히] 단추를 클릭하고 '추가 나타내기 효과', '추가 강조하기 효과' 등을 클릭하여 다양한 애니메이션을 확인할 수 있습니다.

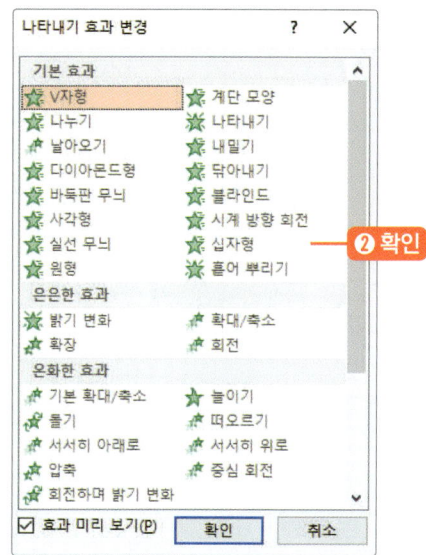

CHAPTER 15 흐물흐물 오징어가 나타났어요. • 081

오징어 만들기

②
- 도형 : 순서도: 수행의 시작/종료(⬭)
- 색깔 : [다른 색 채우기]-연보라
- 윤곽선 : 없음

①
- 도형 : 이등변 삼각형(△)
- 색깔 : [다른 색 채우기]-연보라
- 윤곽선 : 없음

④
- 도형 : 화살표: 원형(⤺)
- 색깔 : [다른 색 채우기]-연보라
- 윤곽선 : 없음

⑤
- 도형 : 막힌 원호(⌒)
- 색깔 : 검정, 텍스트1
- 윤곽선 : 없음

③
- 도형 : 달(☾)
- 색깔 : [다른 색 채우기]-연보라
- 윤곽선 : 없음

⑥
- 그룹화 : 도형 전체를 드래그하고 그룹화 후 회전
- 애니메이션 : [끝내기]-날아가기-오른쪽 위로(3초)

> **한쇼 2022**
> ④ 도형 : 반시계 방향 화살표, 채우기(R:255, G:204, B:255)
> ⑤ 도형 : 막힌 원호, 채우기(검정)

 **삼각아 도와줘!**

▶ **오징어** : 오징어는 지금 오른쪽으로 회전되어 있지만, 오징어를 만들 때는 똑바로 서있는 모양으로 만들어야 쉽게 만들 수 있어
▶ **오징어 도형** : 오징어는 여러 모양들이 겹쳐있어서 만들기가 쉽지 않아 그래서 조각조각 떼어낸 모습을 옆에 보여줄게.

CHAPTER 15 미션 수행하기

■ 불러올 파일 : 해파리.pptx ■ 완성된 파일 : 해파리_완성.pptx

 1 해파리를 완성하고 애니메이션을 사용하여 사라지게 만듭니다.

- **사용된 도형** : 달( ), 이중 물결( ), 막힌 원호( )
- **도형 효과** : 네온: 11pt, 파랑, 강조색 5
- **애니메이션** : [끝내기]-날아가기-왼쪽 위로(3초)

한쇼 2022

네온 : 강조 색 1, 10pt

 **삼각아 도와줘!**

▶ **해파리** : 해파리 얼굴 부분을 그릴 때는 노란색 조절점을 이용해서 통통하게 만들어 줘야 하고 해파리 다리 부분도 얇게 만들어주는 게 중요해!

▶ **네온 효과** : 눈과 입을 빼고 네온 효과를 지정해줘~

CHAPTER 16
어푸어푸 물고기는 떼를 지어 모여 다녀요.

이런걸 배워요!
- 도형을 그룹한 후 복사할 수 있어요.
- 도형에 그림자 효과를 지정할 수 있어요.

■ 불러올 파일 : 물고기.pptx ■ 완성된 파일 : 물고기_완성.pptx

완성작품 미리보기

무슨 일이 있었을까?

이번에는 물고기 떼가 지나가네요.
삼각이는 수영을 못하는데, 물고기는 정말 수영을 잘하네요.
삼각이는 물고기가 너무 부러웠어요.
삼각이도 열심히 물고기를 따라 수영 연습을 했답니다.
우리 친구들도 물고기처럼 수영을 잘 할 수 있나요?

들어가기 전 잠깐!

도형에 그림자 효과를 사용할 수 있어요.

① 도형을 클릭하고 [도형 서식] 탭-[도형 스타일] 그룹의 [도형 효과]-[그림자]에서 다양한 그림자 효과를 지정할 수 있습니다.

※ 한쇼 2022 : [도형()] 탭-[도형 효과]-[그림자]

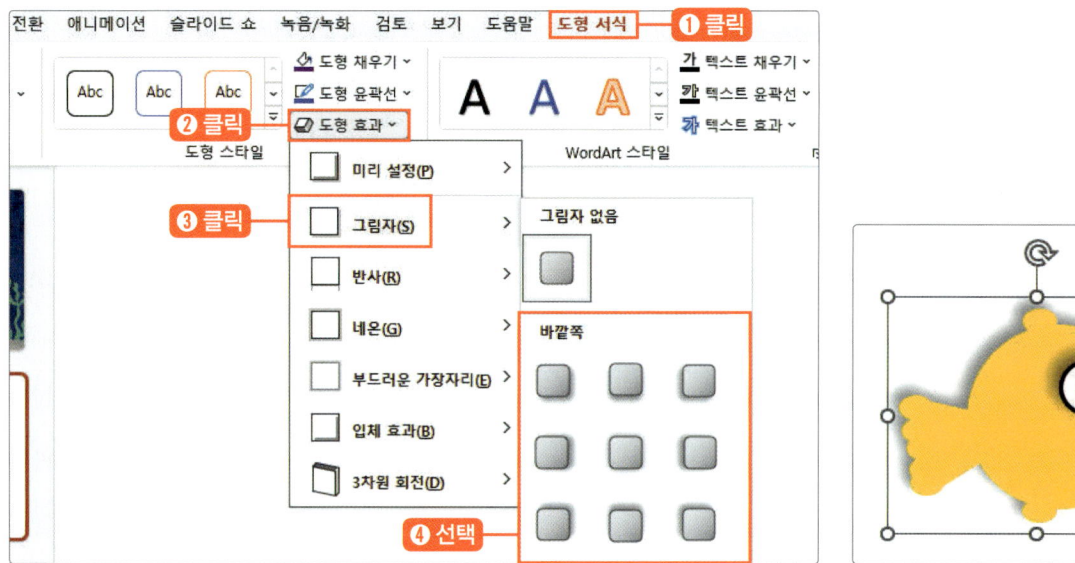

② 여러 개의 도형을 그룹화하고 그림자 효과를 지정하면 그룹화 된 도형 전체에 그림자 효과가 적용됩니다.

물고기 떼 만들기

③
도형 : 타원(◯)
색깔 : 주황
윤곽선 : 없음

②
도형 : 이등변 삼각형(△)
색깔 : 주황
윤곽선 : 없음

①
도형 : 타원(◯)
색깔 : 주황
윤곽선 : 없음

④
도형 : 타원(◯)
색깔 : 흰색, 배경 1
윤곽선 : 검정, 텍스트 1

⑤
도형 : 타원(◯)
색깔 : 검정, 텍스트1
윤곽선 : 없음

⑥
그룹화 : 물고기 전체를 드래그하고 그룹화
도형 효과 : 그림자-원근감-왼쪽 아래
애니메이션 : 사용자 지정 경로(5초)

한쇼 2022
④ 도형 : 타원, 채우기(하양), 윤곽선(검정)
⑤ 도형 : 타원, 채우기(검정)
⑥ 애니메이션 : 자유 곡선(5초)

 **삼각아 도와줘!**

▶ 물고기의 모습을 분해해 보았어. 더 만들기 쉽지?
그리고 물고기 떼의 색깔은 빨강, 주황, 연한 녹색, 연한 파랑, 자주색이야.
주황색 물고기의 눈만 빼고 복사한 후 색을 바꾸고 눈을 만들면 더 빠르게
여러 마리 물고기를 만들 수 있어.

CHAPTER 16 미션 수행하기

■ 불러올 파일 : 가오리.pptx   ■ 완성된 파일 : 가오리_완성.pptx

1 도형으로 여러 마리의 가오리를 만들고 그룹화한 후 그림자 효과를 지정합니다.

- 사용된 도형 : 다이아몬드(◇), 막힌 원호(⌒), 타원(○), 이등변 삼각형(△)
- 도형 효과 : 그림자 – 원근감 – 오른쪽 아래
- 애니메이션 : 사용자 지정 경로(5초)

한쇼 2022

애니메이션 : 자유 곡선(5초)

 **삼각아 도와줘!**

▶ 가오리의 색깔을 자유롭게 꾸며도 좋아 [다른 채우기 색]에서 다양한 색깔을 선택해 봐.

CHAPTER 17
버섯은 예쁘지만, 조심해야 해요.

이런걸 배워요!
- 도형을 겹쳐서 만들어요.
- 도형에 3차원 회전 효과를 사용할 수 있어요.

📁 불러올 파일 : 배경.jpg   📁 완성된 파일 : 버섯_완성.pptx

완성작품 미리보기

무슨 일이 있었을까?

무더운 여름이 지나가고, 선선한 가을이 된 어느 날,
선선한 바람이 너무 좋아서 산책을 나가기로 했어요.
산책을 하다가 삼각이와 똑같이 생긴 버섯을 발견했어요.
삼각이가 버섯이 너무 맛있어 보여서 먹고 싶었지만, 참았어요.
왜냐하면 엄마가 예쁘고 화려한 버섯은 독버섯일 수도 있다고 하셨거든요.
우리 친구들도 혹시 모르니 길가에 있는 버섯은 만지지 말고, 먹지도 않기로 약속해요.

> **들어가기 전 잠깐!**

3차원 회전 효과는 이렇게 지정해요.

❶ 도형을 클릭하고 [도형 서식] 탭-[도형 스타일] 그룹의 [도형 효과]-[3차원 회전]에서 다양한 3차원 회전 효과를 지정할 수 있습니다.

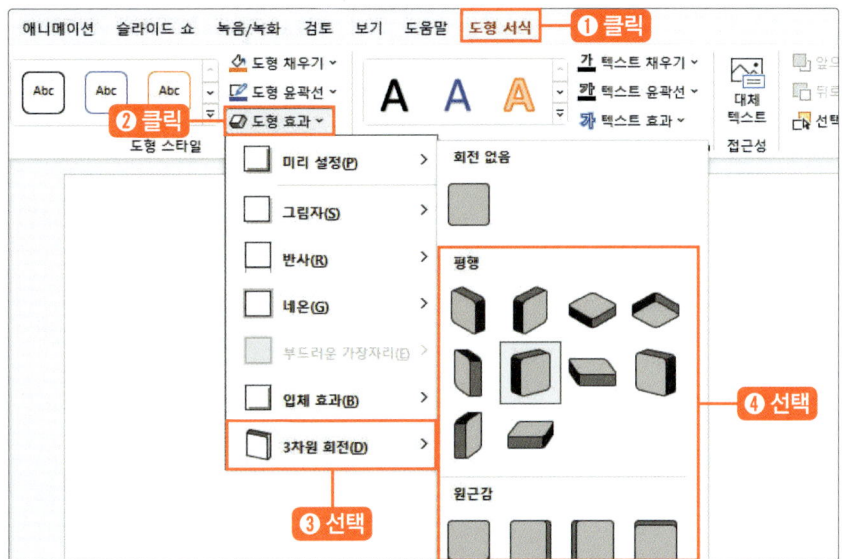

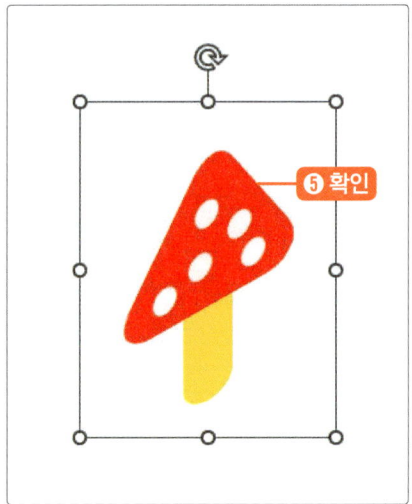

버섯 만들기

⑤ 그룹화 : 버섯 한 개씩 그룹화
도형효과 : 3차원 회전 – 평행 – 축 분리 1 : 오른쪽으로
애니메이션 : 펄스(0.5초)

① 도형 : 이등변 삼각형(△)
색깔 : 주황/ 빨강/ 주황, 강조2
윤곽선 : 없음

③ 도형 : 타원(◯)
색깔 : 흰색, 배경1
윤곽선 : 없음

④ 도형 : 순서도: 수행의 시작/종료(◯)
색깔 : 황금색, 강조 4, 50% 더 어둡게 / 주황 /
황금색, 강조 4, 60% 더 밝게
윤곽선 : 없음

② 도형 : 순서도: 수행의 시작/종료(◯)
색깔 : 주황/ 빨강/ 주황, 강조2
윤곽선 : 없음

한쇼 2022

① **도형** : 이등변 삼각형, 채우기(주황, 빨강, 강조 2 주황)
② **도형** : 순서도: 수행의 시작/종료, 채우기(주황, 빨강, 강조 2 주황)
④ **도형** : 순서도: 수행의 시작/종료, 채우기(노른자색 50% 어둡게, 강조 4 노랑, 노른자색 60% 밝게)
⑤ **도형 효과** : 애니메이션(강조 다른 효과 – 점멸)

 **삼각아 도와줘!**

▶ 버섯이 너무 귀엽지~ 근데 삼각형으로 버섯을 만들기엔 너무 뾰족해서 동그랗게 만들어 주려고
도형을 추가해 만들었어. 요리조리 회전하면서 크기를 딱 맞게 맞춰주는 게 중요해!

CHAPTER 17 미션 수행하기

📘 불러올 파일 : 도토리.pptx   📗 완성된 파일 : 도토리_완성.pptx

① 도형을 겹쳐서 도토리 모양으로 만들어주고 '3차원 회전' 효과를 지정해 줍니다.

- **사용된 도형** : 눈물 방울(◯), 현(◯), 순서도: 수행의 시작/종료(◯)
- **도형 효과** : 3차원 회전-평행-등각: 위쪽을 위로
- **애니메이션** : 펄스(0.5초)

한쇼 2022
도형 효과 : 그림자
애니메이션 : 깜빡이기

 **삼각아 도와줘!**

▶ 도토리는 요리조리 돌려서 도형을 만들어 봐야해~
  눈물방울을 조금 통통하게 만들어 준 후, 도형을 겹쳐서 만들어봐.
  그리고 다른 채우기 색으로 다양한 색깔의 도토리를 만들어봐~

CHAPTER 18
울긋불긋 단풍잎이 떨어져요.

이런걸 배워요!
- 상하, 좌우 대칭으로 도형을 회전해요.
- 여러 가지 도형을 합쳐서 새로운 모양을 만들 수 있어요.

■ 불러올 파일 : 단풍잎.pptx   ■ 완성된 파일 : 단풍잎_완성.pptx

완성작품 미리보기

무슨 일이 있었을까?

정말 선선한 가을이 되었어요~
우리 같이 가을 소풍을 떠나볼까요?
초록 초록했던 나무들이~ 빨갛게, 노랗게 물들었네요~
바람이 부니 단풍들도 바람에 날려요~
와~ 진짜 가을이다!
우리 같이 단풍잎을 만들어보아요.

들어가기 전 잠깐!

좌우, 상하 대칭으로 도형을 돌릴 수 있어요.

① 도형을 클릭하고 [도형 서식] 탭-[정렬] 그룹에서 [회전]-'좌우 대칭'을 선택합니다. 좌우 대칭은 오른쪽 또는 왼쪽으로 대칭이 되도록 돌려줍니다.

※ 한쇼 2022 : [도형( )] 탭-[회전]-'좌우 대칭'

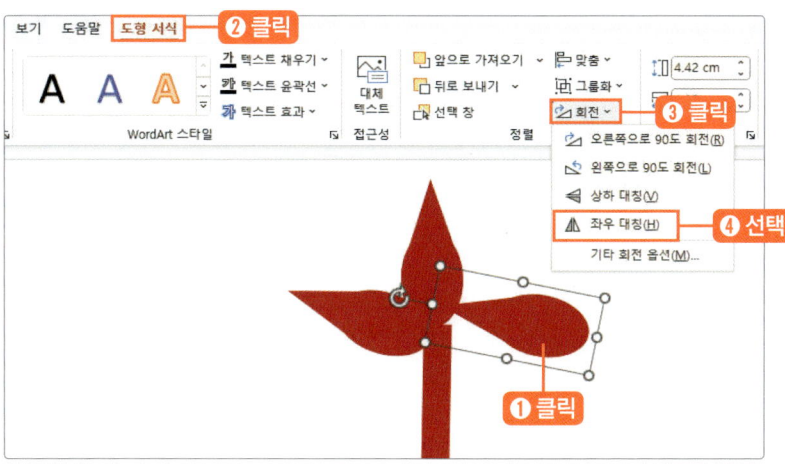
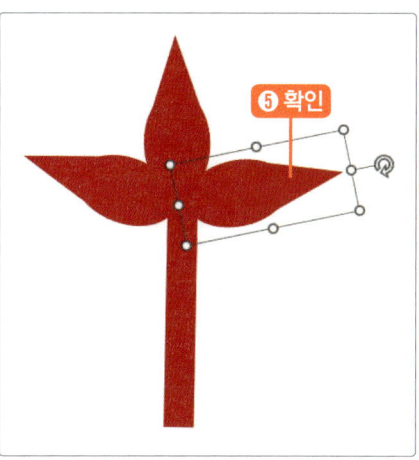

② 도형을 그룹화하고 [도형 서식] 탭-[정렬] 그룹에서 [회전]-'상하 대칭'을 선택합니다. 상하 대칭은 위 또는 아래쪽으로 대칭이 되도록 돌려줍니다.

※ 한쇼 2022 : [도형( )] 탭-[회전]-'상하 대칭'

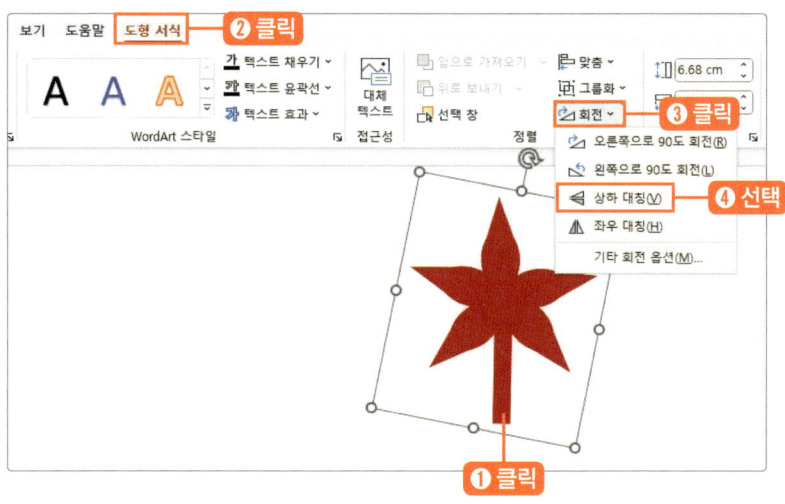

단풍잎 만들기

①
도형 : 타원(◯)
색깔 : 진한 빨강
윤곽선 : 없음

④
그룹화 : 나뭇잎 하나씩 그룹화
애니메이션 : 올라오기 – 서서히 아래로 (5초)

③
도형 : 직사각형(▭)
색깔 : 진한 빨강
윤곽선 : 없음

⑥
색깔 : 주황

②
도형 : 이등변 삼각형(△)
색깔 : 진한 빨강
윤곽선 : 없음

⑤
색깔 : 주황, 강조 2, 50% 더 어둡게

한쇼 2022
① 도형 : 타원, 채우기(빨강)
② 도형 : 이등변 삼각형, 채우기(빨강)
③ 도형 : 직사각형, 채우기(빨강)
④ 애니메이션 : 나타내기 다른 효과-내려오기(5초)
⑤ 채우기 : 루비색 50% 어둡게

 **삼각아 도와줘!**

▶ **애니메이션** : 애니메이션을 설정하고 효과 옵션에서 '서서히 아래로'를 선택해야 해. 단풍잎은 세모와 동그라미로 이루어져 있어. 약간 통통하게 만들고 합쳐야 더 단풍잎처럼 만들 수 있지. 그리고 단풍잎이 여러 방향에서 떨어지는 모습을 보여주기 위해 완성된 단풍잎을 복사하고 상하 대칭, 좌우 대칭, 회전 도구를 사용해서 회전시켜줌~

094 • 도형 놀이터

미션 수행하기

■ 불러올 파일 : 은행잎.pptx   ■ 완성된 파일 : 은행잎_완성.pptx

> **1** 도형으로 은행잎을 만들고 복사한 다음 상하, 좌우 대칭을 사용하여 도형을 회전시켜 줍니다.

- 사용된 도형 : 부분 원형(⌒), 직사각형(▢), 타원(◯)
- 애니메이션 : 올라오기-서서히 아래로(5초)-이전 효과와 함께 시작

한쇼 2022
애니메이션 : 나타내기 다른 효과-내려오기(5초)-이전 효과와 함께

 **삼각아 도와줘!**

▶ **애니메이션** : 앞에서 만든 단풍잎과 동시에 애니메이션을 지정해 주기 위해 [이전 효과와 함께 시작]을 설정해 줌.
▶ **은행잎** : 은행잎과 단풍잎의 개수는 얼마든 상관없어 만들고 싶은 만큼 단풍잎을 만들어줘!

CHAPTER 18 울긋불긋 단풍잎이 떨어져요.

CHAPTER 19
윙윙윙윙 잠자리가 날아다녀요.

이런걸 배워요!
- 그림을 삽입할 수 있어요.
- 입체 효과를 적용할 수 있어요.

■ **불러올 파일** : 강아지.gif, 잠자리.pptx　　■ **완성된 파일** : 잠자리_완성.pptx

완성작품 미리보기

무슨 일이 있었을까?

윙윙, 소리가 들려요. 삼각이는 생각했어요. 무슨 소리지?
강아지가 신나게 무언가를 따라다녀요. 무얼 따라가는 거지?
삼각이도 열심히 따라갔어요.
아~ 잠자리구나. 가을에는 잠자리도 쉽게 볼 수 있네요.
잠자리는 날개가 무척이나 길어요~
우리 친구들 잠자리 잡아 본 적 있나요?

들어가기 전 잠깐!

입체 효과는 이렇게 적용해요.

❶ 도형을 클릭하고 [도형 서식] 탭-[도형 스타일] 그룹의 [도형 효과]-[입체 효과]에서 다양한 입체 효과를 지정할 수 있습니다.

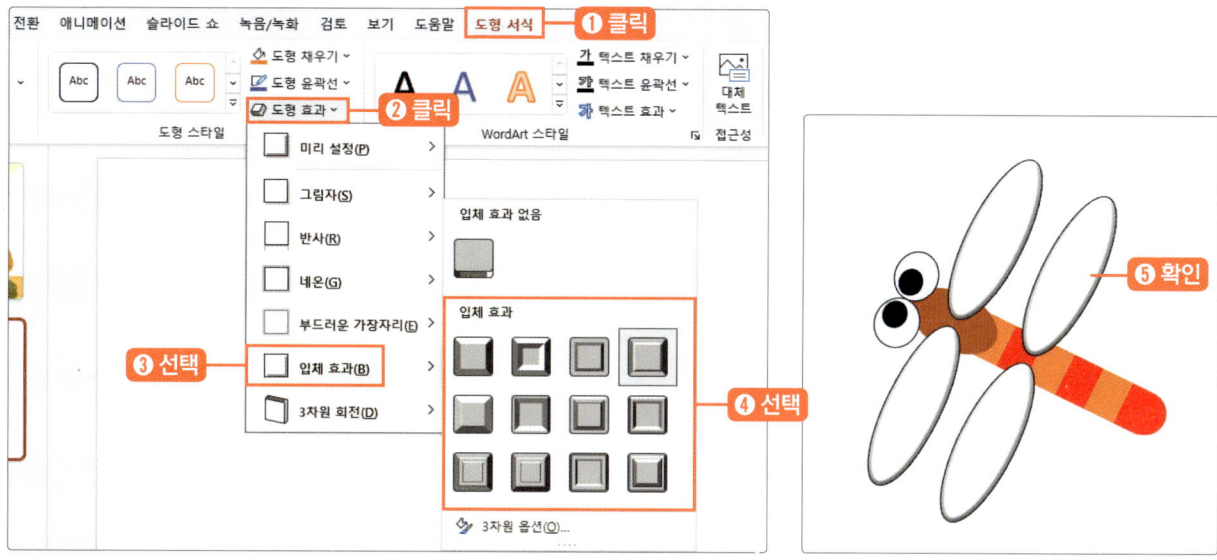

한쇼 2022에서는 [도형( )] 탭-[도형 효과]-[3차원 효과]에서 효과를 지정합니다.

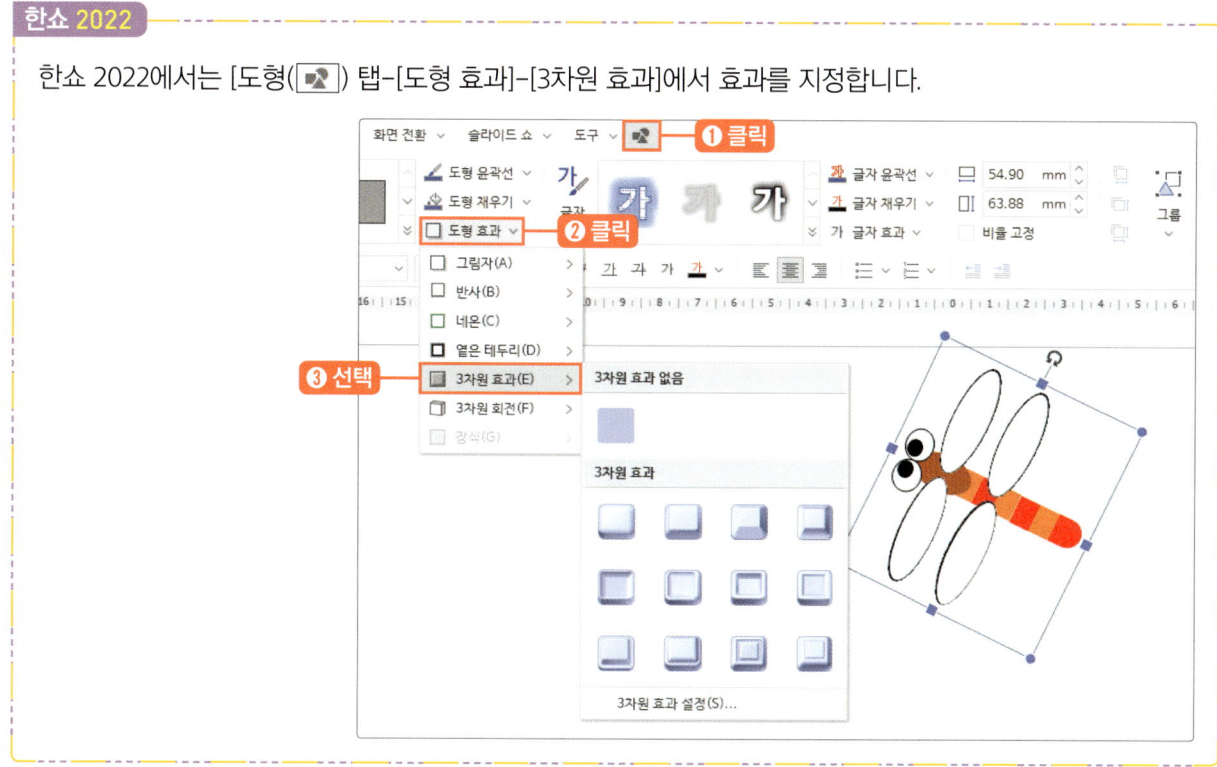

CHAPTER 19 윙윙윙윙 잠자리가 날아다녀요. • 097

잠자리 만들기

④ 도형 : 타원(○)
  색깔 : 흰색, 배경1
  윤곽선 : 검정, 텍스트1

⑦ 그룹화 : 전체 드래그한 후 그룹화
  애니메이 : 사용자 지정 경로(5초)

⑤ 도형 : 타원(○)
  색깔 : 검정, 텍스트1
  윤곽선 : 없음

① 도형 : 순서도: 지연(D)
  색깔 : 주황, 강조2 / 빨강
  윤곽선 : 없음

③ 도형 : 타원(○)
  색깔 : 주황, 강조2, 25% 더 어둡게
  윤곽선 : 없음

② 도형 : 직사각형(□)
  색깔 : 주황, 강조2 / 빨강
  윤곽선 : 없음

⑥ 도형 : 타원(○)
  색깔 : 흰색, 배경1
  윤곽선 : 검정, 텍스트1
  도형효과 : 입체 효과 – 기울기

한쇼 2022
① **도형** : 순서도: 지연, 채우기(강조 2 주황, 빨강)
② **도형** : 직사각형, 채우기(강조 2 주황, 빨강)
③ **도형** : 타원, 채우기(루비색)
④ **도형** : 타원, 채우기(하양), 윤곽선(검정)
⑤ **도형** : 타원, 채우기(검정)
⑥ **도형** : 타원, 채우기(하양), 윤곽선(검정), 도형 효과(3차원 효과-각지게)
⑦ **애니메이션** : 자유곡선(5초)

 삼각아 도와줘!

▶ **강아지** : 이번에는 강아지를 데려 와야 해~
강아지는 [삽입]–[그림]–[불러올 파일]–[CHAPTER 19]–'강아지.Gif' 순서로 클릭하고 넣어줌.
강아지를 넣고 크기를 줄인 후 사용자 지정 경로(5초) – 이전 효과와 함께 시작을 지정하면 돼.

CHAPTER 19 미션 수행하기

■ 불러올 파일 : 잠자리채.pptx ■ 완성된 파일 : 잠자리채_완성.pptx

1 다양한 도형으로 잠자리 채와 잠자리 통을 만들고 입체 효과를 적용해 줍니다.

- **사용된 도형** : 타원(◯), 직사각형(▢), 이등변 삼각형(△), 사다리꼴(⬠), 액자(▣)
- **도형 효과** : 입체 효과-둥글게, 절단, 부드럽게 둥글리기

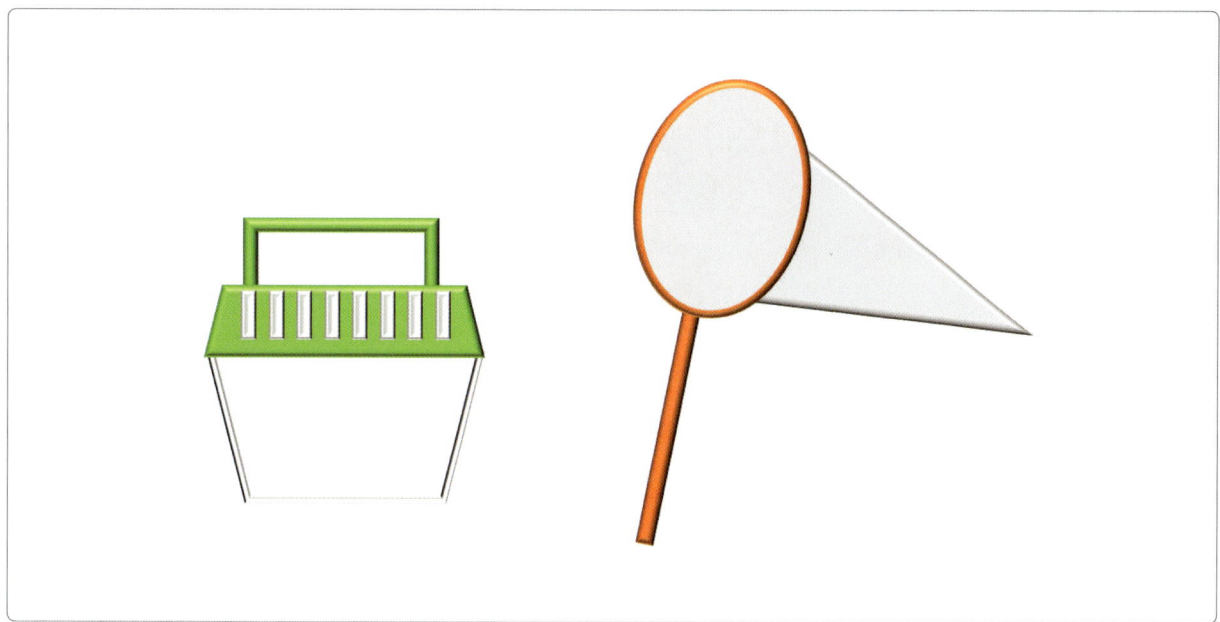

한쇼 2022

도형 효과 : 3차원 효과에서 자유롭게 효과를 지정해 봅니다.

 삼각아 도와줘!

▶ 타원 도형에 윤곽선을 지정해준 후, 윤곽선 두께를 6pt로 해줘야 해!
그리고 타원은 꼭 도형 채우기를 해줘~

CHAPTER 20

오색빛깔 연을 날려보아요.

이런걸 배워요!
- 입체 효과를 지정할 수 있어요.
- 자유 곡선으로 선을 만들 수 있어요.

■ 불러올 파일 : 연.pptx   ■ 완성된 파일 : 연_완성.pptx

완성작품 미리보기

무슨 일이 있었을까?

선선한 바람이 부는 가을에는 연을 날리면 아주 잘 날아요~
오색빛깔이 나는 멋진 연을 날려보아요. 신나게 잘 날아요~
꼭 붙잡아요. 바람이 세게 불면 연이 훨훨 날아가 버릴 수도 있어요.

들어가기 전 잠깐!

자유 곡선은 이렇게 사용해요.

❶ [삽입] 탭-[일러스트레이션] 그룹에서 [도형(◌)]-'선'-'자유형: 자유 곡선(℮)'을 선택합니다.

※ 한쇼 2022 : [입력] 탭-[자세히(⌄)]-'선'-자유형 직접 그리기

❷ 마우스 포인터가 ✏ 모양으로 변경되면 연필로 그림을 그리듯 자유롭게 드래그하여 선을 그려봅니다.

※ 잘못 그렸을 경우 Delete 키를 눌러 삭제한 다음 다시 그려줍니다.

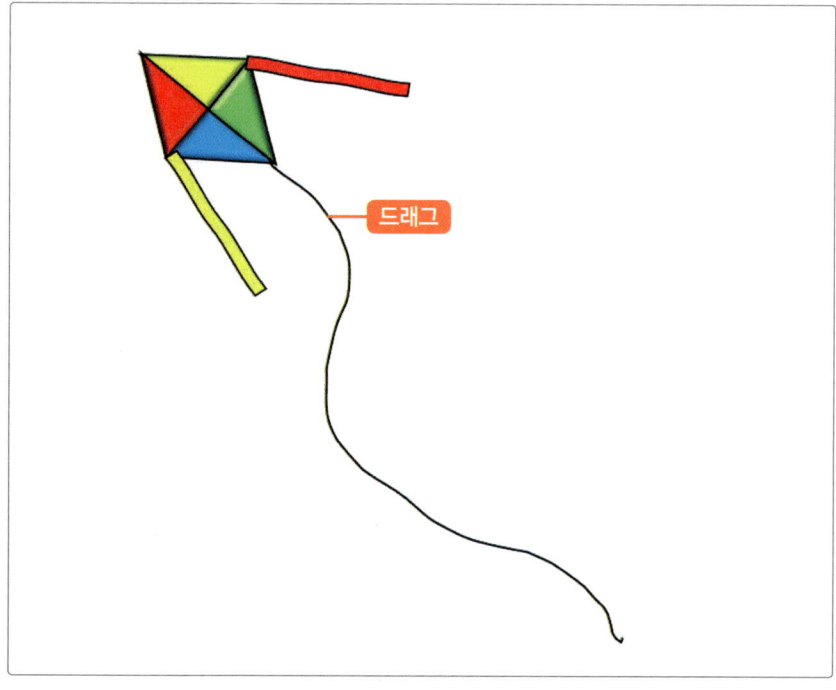

CHAPTER 20 오색빛깔 연을 날려보아요. • 101

연 만들기

①
- 도형 : 직각 삼각형(◺)
- 색깔 : 빨강, 노랑, 연한 녹색, 연한 파랑
- 윤곽선 : 검정, 텍스트 1
- 도형효과 : 입체 효과 – 둥글게

④
- 도형 : 자유형: 자유 곡선(⌒)
- 색깔 : 채우기 없음
- 윤곽선 : 검정, 텍스트 1

②
- 도형 : 이중 물결(▱)
- 색깔 : 빨강, 노랑
- 윤곽선 : 검정, 텍스트 1

⑤
- 그룹화 : 전체 드래그한 후 그룹화
- 애니메이션 : 흔들기

③
- 도형 : 순서도: 대조(⧖)
- 색깔 : 빨강, 주황, 노랑, 연한 녹색, 연한 파랑, 자주
- 윤곽선 : 검정, 텍스트 1

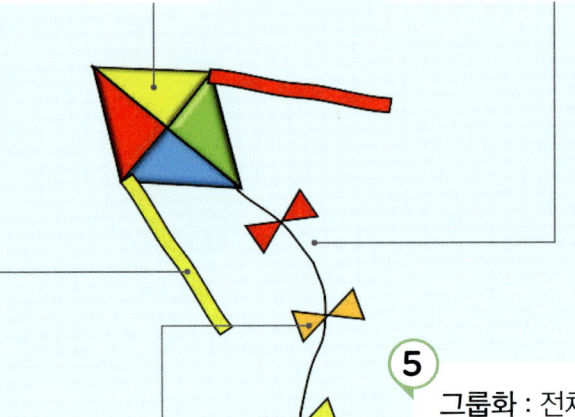

한쇼 2022

① **도형** : 직각 삼각형, 채우기(빨강, 노랑, 밝은 연두색, 시안), 윤곽선(검정), 도형 효과(3차원 효과-둥글게)
② **도형** : 이중 물결, 채우기(빨강, 노랑), 윤곽선(검정)
③ **도형** : 순서도 : 대조, 채우기(빨강, 주황, 노랑, 밝은 연두색, 시안, 보라), 윤곽선(검정)
④ **도형** : 자유형 직접 그리기, 채우기(없음), 윤곽선(검정)
⑤ **애니메이션** : 한쇼에서는 흔들기 애니메이션이 없기 때문에 '올라오기'를 사용합니다.

 삼각아 도와줘!

▶ **도형 회전하기** : [서식] 탭-[정렬] 그룹에서 [회전]을 사용하면 더 편리하게 도형을 회전 시킬 수 있어.
▶ **자유 곡선** : 자유 곡선은 처음해보지? 연필로 선을 그린다고 생각하면 쉬워! 처음부터 다시 그리고 싶다면 Delete 키를 눌러서 지운 후 다시 그려봐.

CHAPTER 20 미션 수행하기

■ 불러올 파일 : 전통 연.pptx　　■ 완성된 파일 : 전통 연_완성.pptx

1 자유 곡선으로 줄을 만들고 다양한 도형으로 전통 연을 만들어 줍니다.

- 사용된 도형 : 직사각형(□), 순서도: 가산 접합(⊗), 직각 삼각형(◺), 부분 원형(◠),
  이중 물결(⌘), 자유형: 자유 곡선(⸜)
- 애니메이션 : 흔들기

한쇼 2022

도형 : 자유형 직접 그리기
애니메이션 : 한쇼에서는 흔들기 애니메이션이 없기 때문에 '올라오기'를 사용합니다.

 삼각아 도와줘!

▶ 윤곽선 : '직사각형' 도형과 '순서도 : 가산 접합' 도형의 윤곽선은 2pt로 지정해 주면 더 예쁜 연이 될 거 같아.

CHAPTER 21
씽씽 쌩쌩 썰매를 타요.

이런걸 배워요!
- 곡선을 그릴 수 있어요.
- 입체효과를 적용할 수 있어요.

■ 불러올 파일 : 배경.jpg   ■ 완성된 파일 : 썰매_완성.pptx

완성작품 미리보기

무슨 일이 있었을까?

우와 온통 새하얀 세상이에요.
눈이 정말 많이 내렸어요~
삼각이는 너무 신이 나서 여기저기 뛰어다녔답니다.
쌓인 눈을 보고 삼각이는 썰매가 타고 싶었어요.
우리 삼각이에게 썰매를 만들어줄까요?

104 • 도형 놀이터

들어가기 전 잠깐!

곡선을 사용하는 방법을 알아보아요.

① [삽입] 탭-[일러스트레이션] 그룹에서 [도형]-'선'-'곡선'을 선택합니다.

　※ 한쇼 2022 : [입력] 탭-[자세히]-'선'-'곡선'

② 마우스 포인터가 ┼ 모양으로 변경되면 드래그하여 선을 만들고 다시 드래그 클릭하여 곡선을 휘게 만들어 줍니다. 원하는 모양의 곡선을 만들면 더블 클릭하여 곡선을 완성합니다.

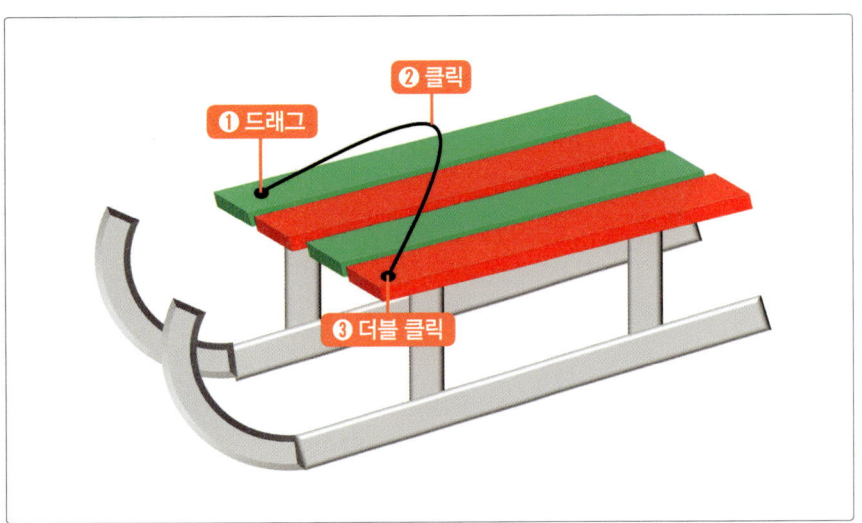

CHAPTER 21 씽씽 쌩쌩 썰매를 타요. • 105

썰매 만들기

①
- 도형 : 막힌 원호( )
- 색깔 : 흰색, 배경1, 25% 더 어둡게
- 윤곽선 : 없음
- 도형효과 : 입체 효과-각지게

④
- 도형 : 타원( )
- 색깔 : 검정, 텍스트1
- 윤곽선 : 없음

③
- 도형 : 정육면체( )
- 색깔 : 빨강, 녹색
- 윤곽선 : 없음

②
- 도형 : 직사각형( )
- 색깔 : 흰색, 배경1, 25% 더 어둡게
- 윤곽선 : 없음
- 도형효과 : 입체 효과-둥글게

⑤
- 도형 : 곡선( )
- 윤곽선 : 검정, 텍스트 1
- 두께 : 3pt

⑥
- 그룹화 : 전체 드래그한 후 그룹화
- 애니메이션 : 날아오기 - 오른쪽 위에서(5초)

한쇼 2022

① **도형** : 막힌 원호, 채우기(하양 15% 어둡게), 도형 효과(3차원 효과-각지게)
② **도형** : 직사각형, 채우기(하양 15% 어둡게), 도형 효과(3차원 효과-둥글게)
③ **도형** : 정육면체, 채우기(빨강, 초록)
④ **도형** : 타원, 채우기(검정)
⑤ **도형** : 곡선, 채우기(검정)
⑥ **애니메이션** : 날아오기 - 왼쪽 아래로(5초)

 **삼각아 도와줘!**

▶ **곡선** : 곡선은 클릭하고 다음 위치를 클릭하면 구부러져.
곡선을 다 그렸으면 더블클릭을 하면 되고, 지우고 싶으면 더블클릭을 한 다음 Delete 키를 눌러서 삭제하면 돼!

CHAPTER 21 미션 수행하기

📘 불러올 파일 : 스케이트.pptx   📗 완성된 파일 : 스케이트_완성.pptx

1 다양한 도형과 곡선으로 스케이트를 만들고 입체 효과를 적용합니다.

- 사용된 도형 : 막힌 원호(⌒), 직사각형(□), 순서도: 지연(D), 타원(○), 곡선(〜)
- 도형 효과 : 입체 효과-둥글게

> **한쇼 2022**
> 도형 효과 : 3차원 효과-둥글게

▶ **스케이트** : 스케이트 한 짝을 완성하고 복사하여 반대쪽을 편리하게 만들 수 있어.

CHAPTER 22
뽀드득뽀드득 눈사람을 만들어요.

이런걸 배워요!
- 도형으로 그림자 느낌을 줄 수 있어요.
- 부드러운 가장자리 효과로 도형을 부드럽게 만들어요.

■ 불러올 파일 : 눈사람.pptx   ■ 완성된 파일 : 눈사람_완성.pptx

완성작품 미리보기

무슨 일이 있었을까?

삼각이는 눈을 밟으면 들리는 뽀드득뽀드득 소리가 너무 좋았어요.
하지만 혼자 있던 삼각이는 많이 심심했답니다.
눈이 많이 오니 눈사람 친구를 만들어 볼까요?
꽁꽁 언 손을 호호 불어가며
눈을 계속 굴리고 또 굴리고 또 굴려서 눈사람을 만들었어요.

108 • 도형 놀이터

들어가기 전 잠깐!

부드러운 가장자리는 이렇게 사용해요.

❶ 도형을 클릭하고 [도형 서식] 탭-[도형 스타일] 그룹의 [도형 효과]-[부드러운 가장자리]에서 다양한 부드러운 가장자리 효과를 지정할 수 있습니다.

※ 한쇼 2022 : [도형( )] 탭-[도형 효과]-[옅은 테두리]

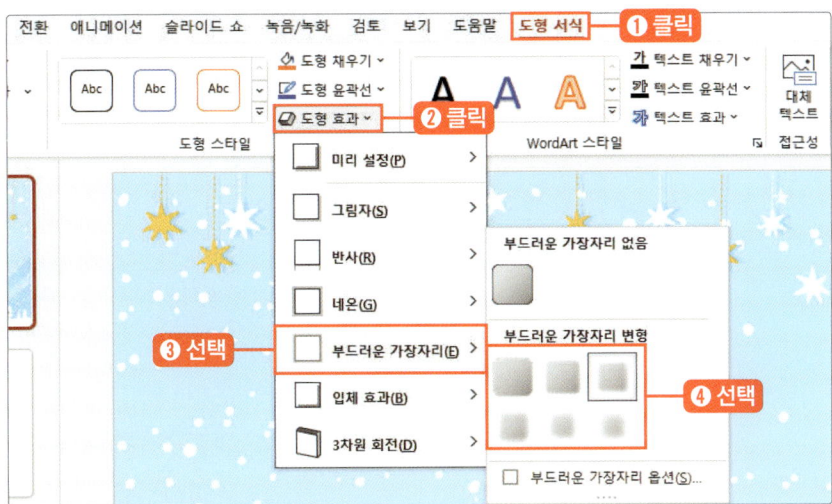

❷ 부드러운 가장자리 효과 포인트가 높을수록 도형의 크기가 줄어들고 연해집니다.

▲ 2.5 포인트

▲ 10 포인트

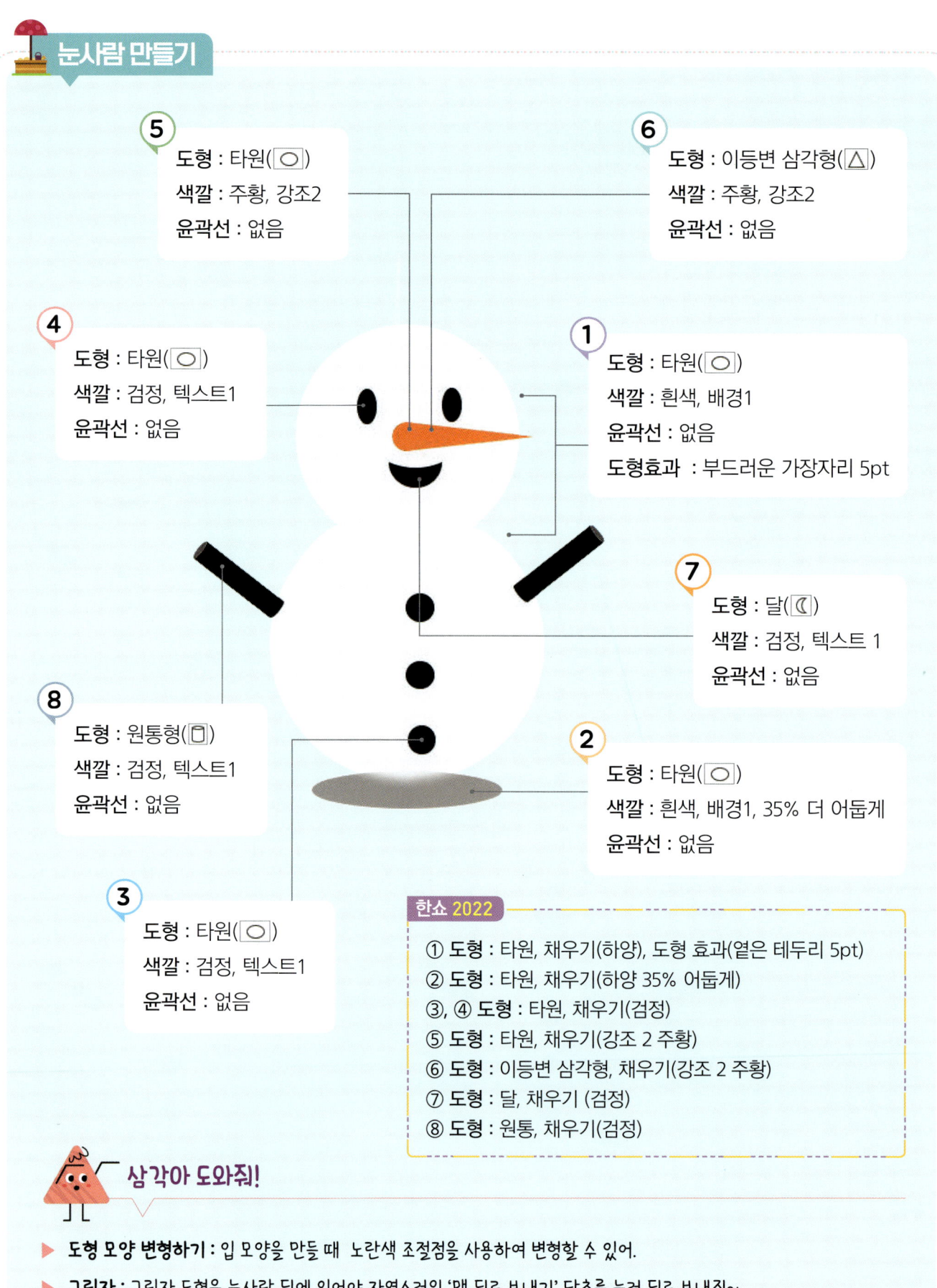

CHAPTER 22 미션 수행하기

■ 불러올 파일 : 눈사람 옷.pptx   ■ 완성된 파일 : 눈사람 옷_완성.pptx

1 추워 보이는 눈사람에게 따뜻한 목도리와 모자를 만들어줍니다.

- 사용된 도형 : 이등변 삼각형(△), 타원(○), 순서도: 저장 데이터(◖), 사다리꼴(△), 순서도: 지연(D)
- 애니메이션 : 흔들기(2초)

한쇼 2022

애니메이션 : 한쇼에서는 '흔들기' 애니메이션이 없으므로 자유롭게 애니메이션을 설정합니다.

 **삼각아 도와줘!**

▶ 지금까지 많은 도형을 만들어 왔으니 이 정도는 혼자서 충분히 할 수 있을 거야.

CHAPTER 23 블링블링 크리스마스 트리를 만들어요.

이런걸 배워요!
- 아이콘을 넣어서 트리를 장식해요.
- 아이콘에 도형 효과를 적용할 수 있어요.

■ 불러올 파일 : 트리.pptx   ■ 완성된 파일 : 트리_완성.pptx

완성작품 미리보기

무슨 일이 있었을까?

삼각이가 눈사람과 즐거운 시간을 보내다보니
점점 주변이 어두워지기 시작했어요.
눈사람과 더 놀고 싶은 삼각이는 어두워지는 게 너무 아쉬웠어요.
그래서 근처에 있는 나무에 트리를 만들어보기로 했답니다.
반짝반짝 블링블링한 트리를 만들었어요.

들어가기 전 잠깐!

아이콘 삽입은 이렇게 사용해요.

❶ [삽입] 탭-[일러스트레이션] 그룹에서 [아이콘()]을 클릭합니다. 이어서, [스톡 이미지] 대화상자가 열리면 [아이콘] 탭을 클릭하고 원하는 아이콘을 선택하여 삽입합니다.

※ 한쇼 2022 : [입력] 탭-[그림]-[그리기마당]-클립아트 다운로드]

※ 검색 창에 검색을 하면 원하는 아이콘을 빠르게 찾을 수 있습니다.

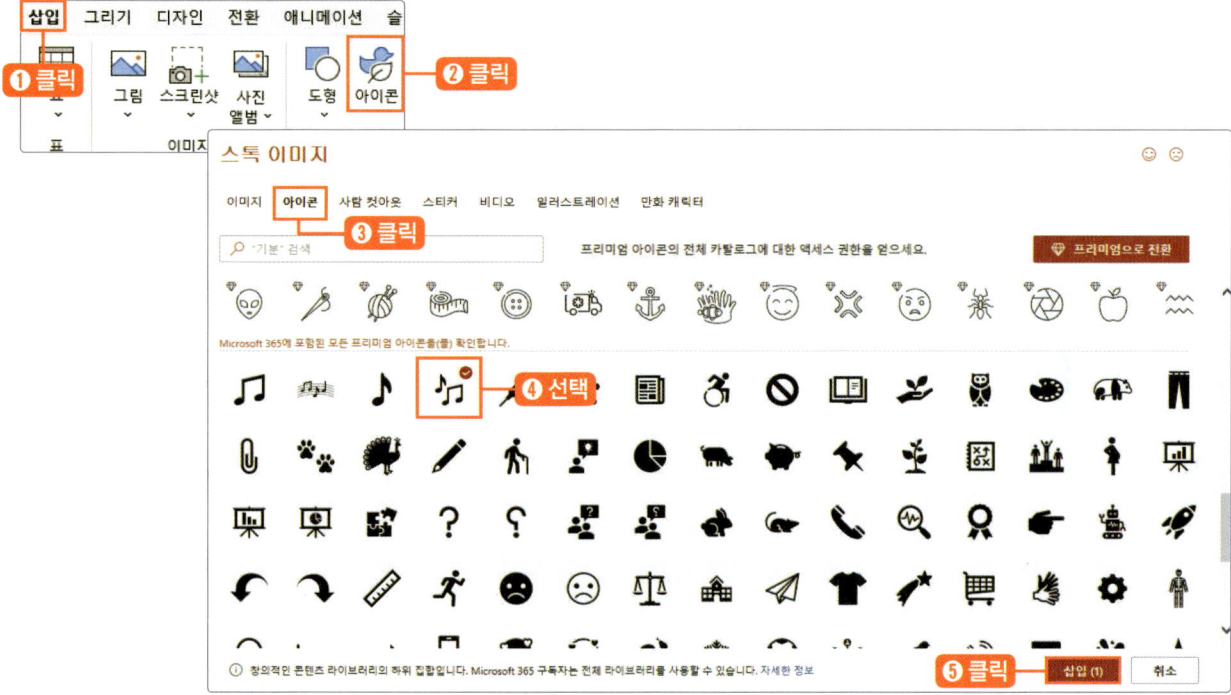

❷ 삽입된 아이콘을 선택한 후 [그래픽 형식] 탭-[그래픽 스타일] 그룹에서 [그래픽 채우기]를 클릭하여 원하는 색으로 변경하고 [그래픽 효과]에서 다양한 효과를 적용합니다.

※ 한쇼 2022 : [그림()] 탭-[색]-'투명한 색 설정' / [그림()] 탭-[그림 효과]

크리스마스트리 만들기

③
- 도형 : 이등변 삼각형(△)
- 색깔 : 연한 녹색, 녹색, 녹색 (다른 채우기 색)
- 윤곽선 : 없음

⑤
- 도형 : 별: 꼭짓점 5개(☆)
- 색깔 : 노랑
- 윤곽선 : 없음
- 도형 효과 : 네온: 11pt, 황금색, 강조색 4
- 애니메이션 : 회전(5초)

④
- 도형 : 순서도: 수행의 시작/종료(⬭)
- 색깔 : 연한 녹색, 녹색, 녹색 (다른 채우기 색)
- 윤곽선 : 없음

⑥
- 도형 : 타원(○)
- 색깔 : 노랑, 다홍, 연보라, 빨강, 연한 옥색 등(다른 채우기 색)
- 윤곽선 : 없음
- 도형 효과 : 네온: 8pt, 황금색, 강조색 4

⑦
[삽입]-[일러스트레이션]-[아이콘]-아이콘 삽입

①
- 도형 : 사다리꼴(⏢)
- 색깔 : 주황 (다른 채우기 색)
- 윤곽선 : 없음

②
- 도형 : 타원(○)
- 색깔 : 흰색, 배경1, 25% 더 어둡게
- 윤곽선 : 없음

한쇼 2022
- ② 도형 : 타원, 채우기(하양 35% 어둡게)
- ③ 도형 : 이등변 삼각형, 채우기(멜론색 40% 밝게, 강조 5 초록)
- ④ 도형 : 순서도: 수행의 시작/종료, 채우기(멜론색 40% 밝게, 강조 5 초록)
- ⑤ 도형 : 포인트가 5개인 별, 채우기(노랑), 도형 효과(강조 색 4, 10pt)
- ⑥ 도형 : 타원, 채우기(노랑, 다홍, 연보라, 빨강, 연한 옥색 등), 도형 효과(강조 색 4, 5pt)
- ⑦ 아이콘 : [입력] 탭-[그림]-[그리기마당]-[클립아트 다운로드]-산타, 눈사람, 촛불, 장식, 트리 등 검색

미션 수행하기

■ 불러올 파일 : 크리스마스 카드.pptx ■ 완성된 파일 : 크리스마스 카드_완성.pptx

1 도형으로 카드와 종을 만들고 다양한 아이콘을 삽입하여 카드를 꾸며줍니다.

- **사용된 도형** : 사각형: 둥근 모서리(▢), 타원(◯), 순서도: 수행의 시작/종료(⬭), 이등변 삼각형(△)
- **아이콘** : 나무, 사랑, 별, 케이크, 풍선
- **그래픽 효과** : 네온: 8pt, 황금색, 강조색 4

한쇼 2022

도형 : 모서리가 둥근 직사각형
그래픽 효과 : 강조 색 4, 5pt
글자 : 한쇼에서 글자를 위로 보내기 위해 'Merry Christmas'를 입력하고 Enter 키를 눌러 위로 보내줍니다.

 **삼각아 도와줘!**

▶ **글씨 쓰기** : 글씨를 쓰고 싶을 때는 도형을 클릭하고 글자를 입력하면 도형 가운데에 글자가 생길 거야
▶ **글자 위로 보내기** : [홈] 탭-[텍스트 맞춤]-'위쪽'을 선택하면 돼!
▶ **글자 설정** : 글자는 [홈] 탭에서 글꼴, 글자 크기, 글자 색 등을 변경할 수 있어.

CHAPTER 24
짜잔 선물이 도착했어요.

이런걸 배워요!
- 도형에 윤곽선을 적용해요.
- 윤곽선의 대시 종류를 바꿀 수 있어요.

■ 불러올 파일 : 선물.pptx   ■ 완성된 파일 : 선물_완성.pptx

완성작품 미리보기

무슨 일이 있었을까?

삼각이는 눈사람에게 선물을 주고 싶었어요.
그래서 예쁘게 포장을 해서 트리 밑에 놓아주었답니다.
크리스마스 날 주고 싶었거든요.
그랬더니 다음 날 선물이 3개가 되었어요.
눈사람도 삼각이에게 선물이 주고 싶었나 봐요.
기쁜 크리스마스네요! 메리 크리스마스!

들어가기 전 잠깐!

윤곽선의 대시 종류는 이렇게 변경해요.

❶ 도형을 클릭하고 [도형 서식] 탭-[도형 스타일] 그룹의 [도형 윤곽선]-[대시]에서 다양한 대시 종류를 선택할 수 있습니다.

※ 한쇼 2022 : [도형( )] 탭-[도형 윤곽선]-[선 종류]

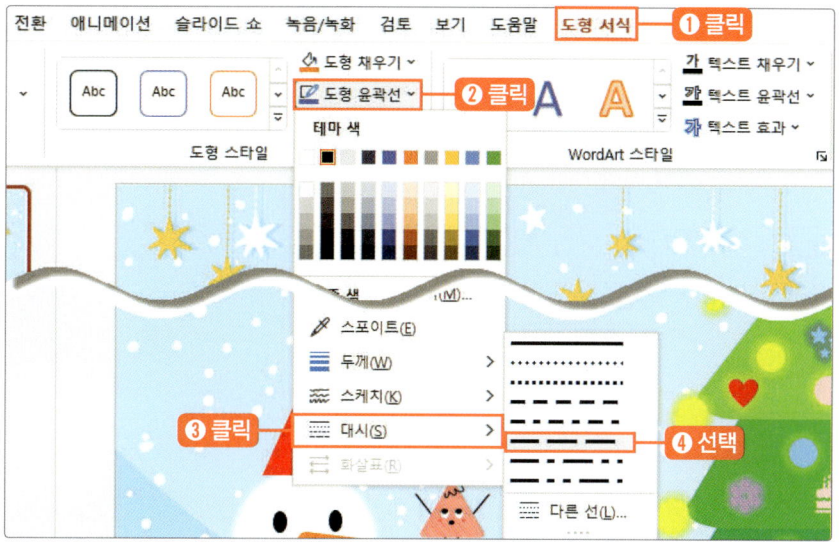

❷ [도형 서식] 탭-[도형 스타일] 그룹의 [도형 윤곽선]-[대시]-[다른 선]을 클릭하면 오른쪽에 작업창이 나오며 '투명도', '겹선 종류' 등 더 다양한 작업을 설정을 할 수 있습니다.

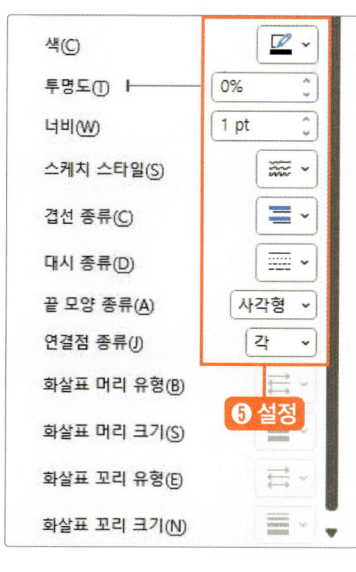

선물 상자 만들기

④
- 도형 : 이등변 삼각형(△)
- 색깔 : 녹색
- 윤곽선 : 검정, 텍스트1
- 대시 종류 : 긴 파선

③
- 도형 : 타원(○)
- 색깔 : 녹색
- 윤곽선 : 검정, 텍스트1
- 대시 종류 : 긴 파선

⑤
- 도형 : 원형: 비어 있음(◎)
- 색깔 : 노랑, 주황
- 윤곽선 : 검정, 텍스트1
- 대시 종류 : 긴 파선

②
- 도형 : 직사각형(□)
- 색깔 : 노랑, 녹색, 주황(다른 채우기 색)
- 윤곽선 : 검정, 텍스트1
- 대시 종류 : 긴 파선

①
- 도형 : 직사각형(□)
- 색깔 : 빨강, 주황, 파랑, 강조1
- 윤곽선 : 검정, 텍스트1

⑥
- 그룹화 : 전체 드래그한 후 그룹화
- 애니메이션 : 바운드(2초)

한쇼 2022

① **도형** : 직사각형, 채우기(빨강, 강조 4 노랑, 강조 1 하늘색), 윤곽선(검정)
② **도형** : 직사각형, 채우기(노랑, 초록, 주황), 윤곽선(검정), 대시 종류(긴 파선)
③ **도형** : 타원, 채우기(초록), 윤곽선(검정), 대시 종류(긴 파선)
④ **도형** : 이등변 삼각형, 채우기(초록), 윤곽선(검정), 대시 종류(긴 파선)
⑤ **도형** : 도넛, 채우기(주황), 윤곽선(검정), 대시 종류(긴 파선)

 **삼각아 도와줘!**

▶ **뒤로 보내기** : 이번 챕터에서는 도형을 뒤로 보내는 작업이 많이 나왔어.
상자 모양을 먼저 만들고 복사한 후, 리본을 묶어주거나 만들어주면 돼. 무슨 선물일까?

미션 수행하기

■ 불러올 파일 : 쿠키.pptx   ■ 완성된 파일 : 쿠키_완성.pptx

1 도형으로 쿠키를 완성하고 테두리의 대시 종류를 변경합니다.

- **사용된 도형** : 타원(◯), 사각형: 둥근 모서리(▢), 이중 물결(〰), 막힌 원호(⌒),
  순서도: 대조(☒)
- **대시 종류** : 사각 점선

한쇼 2022

도형 : 모서리가 둥근 직사각형
대시 종류 : 긴 점선

 **삼각아 도와줘!**

▶ **쿠키** : 쿠키의 머리가 가장 앞으로 와야 해 다음은 몸통, 그다음은 팔 다리 순서야!
  이제 이 정도는 혼자서 만들 수 있지?
  친구들 지금까지 삼각이를 도와줘서 고마워!

MEMO